彩流社

本当の自分を取り戻し、本当の幸せを手に入れる

魂を成長させ、魂のお役目を果たすために

ソウルコンサルタント
眞證・慈敬［著］

はじめに 幸せになるために、本当の自分を取り戻そう！

「何のために生きているんだろう」
「もう、この世から消えてなくなりたい」
まだ、私たちツインがお互い出逢っていなかった頃。何度もこんなふうに思ってきました。現実から逃げたい、でも、人生を変えたいでもなく。あまりにも辛く苦しいことが多すぎて、幸せそうに生きている人を見ては、自分の魂や能力ごと、本気で否定してきたのです。

そんな私たちに転機がやってきたのは、別々の場所で別の人とお互い2度目の離婚をして少し経った頃。タマゴボーロの育ての親、今は亡き竹田和平さんのイベントで、眞證（しんしょう）と慈敬（じきょう）は出逢いました。

眞證は慈敬と出逢ったことで、それまで周囲に否定されてきた自分の生まれながらの能力を、初めて自己肯定できました。

慈敬は眞證と出逢ったことで、２人の力をひとつにしてやっていく魂のお役目の重要さを知り、活動の場を得ることができました。

今思うと、お互い別々の場所でそれまで辛い生き方をしてきたのは、本当の自分を取り戻し、魂の力を高めていくために必要な経験でした。その経験があったからこそ、２人が出逢った瞬間から今の仕事が始められたのです。


そんな私たちは、精神世界で言うところの「ツインソウル」です。しかも2人とも出家したうえで、通常の家庭生活を送りながら、人の人生を幸せへと導く仕事をしています。

余談ですが本書には、ツインソウルやツインレイとの出逢い方は、一切書いてございません。

現在、インターネット等で出回っているスピリチュアル系の多くの情報は、男女のシンデレラストーリー的な恋愛感情がメインになっています。が、そういうものはツインソウルやツインレイの間には必要ないですし、ほぼ存在しない。魂の記憶からそう実感していますから、書く意味もないかなと思った次第です。

あなたが一番幸せになれる方法は、ツインソウルやツインレイにこだわらず、『本当の自分を取り戻すこと』。

本当の自分は、生まれたばかりの頃はすべて覚えています。でも地球にごまんと転がっている本当の自分を忘れてしまう生き方を学習して、忘れてしまった。頭がつくる不安と安心、潜在意識の思い込み、自分以外の人生、エゴ、過去への囚われとカルマ、何もなくなる恐れで……。

ただこれらは、再び本当の自分を取り戻した時に魂の望む人生を実現させていくための、必要な経験だったと思い直してほしいのです。これは私たちの人生経験からだけでなく、眞證が転生する時に持ってきたあの世の記憶からも、はっきり言えます。

本書の自分を取り戻していくための「6つの生き方」と「7つのステップ」を実践することで、本当の自分を取り戻せるだけでなく、今までとは180度方向転換した幸せな人生へシフトしていきます。さらに本当の自分を取り戻せる「あの世コラム」が、本当の自分を生きる意味も教えてくれます。

どの内容も、生まれながらに人の本音や魂を読む能力とあの世の記憶を持つ眞證と、自己の存在自体を否定する苦しみを超え、潜在意識を読み解き癒せるようになった慈敬の経験から生まれたものです。

また魂のお役目を果たしていくにあたり、まずは本当の自分を取り戻すことが大前提です。さらなる魂のお役目を果たしていきたい人は、本書を何度も読み実践していくことで、本当の自分と魂の原点は自分の中にあったと心から納得できるでしょう。

「あれ？　これって、今までの生き方と違って幸せなんじゃない？」

ある日ふと気がついたら、そんなふうに思えるあなたにきっとなっています。私たちもそうでしたし、私たちのところにご縁あって来てくださるたくさんのお客様も現実にそうなっています。

生きてきて本当に良かった！　と思えるほど幸せにならなければ、この地球で生きる意味がありません。そのために本当の自分を取り戻すのです。魂を思い出していくのです。

あなたの勇気と行動、そして心の底から感じられる幸せが1日も早く現実になるよう、そっと後押しするエネルギーを本書に込めておきますね。

2021年2月吉日

眞證・慈敬

本当の自分を取り戻し、本当の幸せを手に入れる［目次］

第②章 「潜在意識の思い込み」を抱きしめれば、生き方のシナリオが変わる

第③章 「自分以外の人生」を捨てれば、願望が次々と叶う

第④章 「エゴ」をコントロールすれば、随所で「神様」が助けてくれる

第⑤章 「過去への囚われとカルマ」を越えれば、潜在能力が開花する

第⑥章 「何もなくなる恐れ」が幻想だと気づけば、未来を創造する力が発揮される

第⑦章 「新たな7つのステップ」で、本当の自分を取り戻そう

イラストレーション＝ゆずきよ
企画・編集協力＝遠藤励起

プロローグ

今の自分が「何か違う」と感じる違和感こそ、「本当の自分を取り戻せ」というサイン

魂からの「本当の自分を取り戻せ」というサインは、ある日突然やってきます。**今の自分が「何か違う」と感じる違和感がそれに当たり、第二の霊性の目覚めとも言われるものです。**

霊性とは、人間で言うと、それぞれの「魂の性質」です。

霊は「ひ」とも読み、その霊(ひ)である魂が体の中に止(とど)まった存在こそ人間、つまり人(ひと)です。その人の中に息づく魂が、霊性と呼ばれる性質をそれぞれ持っているのですね。

霊性の目覚めは、人生に二度訪れます。

一度目は、この地球に生を受けた時の第一の霊性の目覚め。「えい!」と言っても即叶わない、制限の多い物質社会である3次元の地球で人間として生き抜く修行をす

るスタート地点に立つ目覚めです。

二度目は、地球で果たすべき魂の目的である魂のお役目を思い出すスタート地点に立つ第二の霊性の目覚めです。この第二の霊性の目覚めこそ、今の自分が「何か違う」と感じる違和感です。本当の自分を取り戻せと、魂が教えてくれるのです。

しかし、人生経験の少なさと若さでなんとかなるという人間的に未熟な二〇代後半で起こる第二の霊性の目覚めは、多くの人がスルーしがち。なので、三〇代後半〜四〇代前半で、もう一度、第二の霊性の目覚めを魂が起こしてくれます。

この歳になると若さは薄れ、それなりに増えた人生経験をもとに人生の折り返し地点に立って我が身を振り返ります。そのため、今の自分が「何か違う」という違和感を感じやすくなります。

二〇一六年頃からは、五〇代で第二の霊性の目覚めを感じる、特に女性が急増しているると、世の中の流れからも見て取れます。

稀に生まれた瞬間に、第一と第二の霊性の目覚めが同時に起こる人もいます。そういう人の多くは幼い頃から自分に違和感を感じ、本当の自分である魂のお役目を思い出すまでもがき続けます。

ごくごく一部の生まれながらに霊性の高い人は、魂のお役目をやれる環境に最初から身を置きます。幼いながらにいつも心に余裕があり、何でも受け入れることのできる広い価値観を持ち合わせている、見えない輝きを放つ人。そんな人は自分に違和感を感じることなく、物心つく前から自然にお役目を果たしています。

あくまでも稀、ごくごく一部ですので、私は同時に起こっていないからダメだ……と凹まなくても大丈夫ですからね。

地球を選んでくるほとんどの魂は、言葉の意思疎通や自分で生きていく方法を身につける、人間として生き抜く修行をまず必要としています。その修行を通じて得たものが、第二の霊性の目覚め後に思い出していく本当の自分である魂のお役目に必要だからです。

今の自分が「何か違う」と感じる違和感は、言葉にならない不確かな感覚です。私たちツインを訪ねてきてくださる、今の自分が「何か違う」と感じている方々も、ご自分のことでありながら、言葉で的確に表現することはできません。

表現できないがために、今の自分が「何か違う」と感じる違和感は妄想ではないかと、ご自分を疑い途方に暮れ、訪ねてくださる方もいらっしゃいます。

自分自身を疑うことは、あなたの中に息づく魂を否定すること。それは「本当の自分を取り戻しません！　魂のお役目を果たしません！　幸せになんて生きません！」と、宣言するようなものです。

今の自分が「何か違う」と感じる違和感こそ、本当の自分を取り戻せというサインです。何があってもなくても、あなたのその感覚を信じ続けてあげてください。

自分の持つ「陰と陽」が、本当の人生の道しるべとなる

人の心には、喜怒哀楽と呼ばれる4つの基本感情が存在しています。この4つの基本感情のうち、ポジティブな喜と楽は陽、ネガティブな怒と哀は陰に分類されます。

つまりすべての人は、人間として形を成した時から、すでに心に陰と陽の感情を持っ

ていることになります。

「誰に教えてもらったわけでもないのに、母のお腹に宿った時から備わっている」

あの世の記憶や胎内記憶を持つ眞證も、そう言っています。

そして、この**陰と陽の感情を感じることで、人はさらに多くの陰と陽の感情と、そして陰と陽の思考や行動までもつくり上げていきます。**

また外国人に比べて日本人は、陽より陰の感情や思考・行動を多くつくり上げる民族なので、苦しみや悲しみ・怒りを多く感じる陰の人生を送りがちです。

幼い頃から人の喜ぶことをしなさいと言われて育ち、人間のポジティブな点を探す習慣を根づかせた外国人。

人の嫌なことをしてはいけませんと言われて育ち、人間のネガティブな点を探す習慣を根づかせた日本人。

相手を思いやり優先するがために陰の思考を選択してしまった結果、自然と人の嫌な部分を先に注視する文化ができてしまったわけです。

もちろん、自分自身の嫌な部分も然り。なので、自分の嫌な部分はすぐに言えるのに、良い部分はよく考えないと出てこない、陰の人生を送る羽目になってしまっています。

ここまで読んだだけで、陰の人生なんて勘弁して！　と、あなたは思うでしょう。だって幸せに生きたいじゃないですか。

けれど日本人の陰の人生には、意味があるんです。

世界の大陸をギュッと小さくすると日本列島になる日本は、地球の神様が集まる神の国である『和の国』と呼ばれています。

その日本に住む日本人の魂はどの国よりも崇高で、本来は神様のエネルギーと同調しやすい。神様と同調し、決しておごることなく、和を以て世を、人生を創造させる神様の力をもともと自然に使える民族なのです。

その神様の力を自然に使うには、ある程度成長した魂になっていなければなりません。

神様は、辛さや苦しさの痛い陰を経験してこそ、その反対側にある喜びや楽しさの嬉しい陽が大きくなるよう、魂のしくみを創られています。

例えば、あなたが転んで膝を擦りむいたとしましょう。擦りむいた膝は痛いけれど、痛みを経験したことで次に誰かが転んで痛い思いをしていたら、優しく寄り添えますよね。優しく寄り添えるようになったあなたには、寄り添ってくれる人が出てきます。

ほら、痛い陰と同じくらいの嬉しい陽が大きくなりましたよね？

もしこれが人生で起きるもっと大きな出来事だったら、どうでしょうか。あなたが今、痛い陰の経験をしている真っ最中で、それを超えたとしたら。その先で大きくなった嬉しい陽を必ず手にできるのです！

この**陰も陽も大きくなったあなただけの新しい現象こそ、魂の成長です。**陰も陽も大きくなる新しい現象をたくさん経験すればするほど、本当に必要なものが得られます。必要なものが増えていくことは、本当の人生の道しるべを、それだけ得ることに繋がります。

道しるべのとおりに進めば、あなたは和を以て人生を創造させる神様の力をいつのまにか自然に自分に使い、幸せになっていることでしょう。

これまでの思考・感情と行動パターンは、本当の自分のプロローグ

本当の私。本当の自分。
本当の自分って、一体どんな自分なのでしょう？

この本を手にとってくださったあなたは、まさに今の自分にちょっとした違和感を感じているはずです。

・平々凡々すぎる日常で、ふと
・長年連れ添った結婚相手とのすれ違い
・職場での孤立、イライラ
・まわりの人と話が合わない
・とにかく続く、我が身の不幸な出来事の中で

などなど、違和感を感じたきっかけは様々だと思います。

なぜだか拭い去れない今の自分が何か違うような、言葉でうまく言い表すことのできない、何か。

そうなるとこれまで考えてきたことも、感じてきたことも、自分なりに動いてきたことも、あれで良かったのかどうか疑問に思えてくることだってあります。自分が、本当の自分がわからない、一抹の不安も感じながら。

本当の自分って、一体どんな自分なのでしょう?

本当の自分とは、魂の自分。魂の自分を知っている人は、今生きている意味も、この地球で何をしていくのかも知っています。

加えて自分のこれまでの思考・感情・行動パターンが、本当の自分である魂の自分の最初の土台になっていることも知っています。

そう。あなたの**これまでの思考・感情・行動パターンは、本当の自分である魂の自分の最初の土台になっているのです。**

もちろん私たちツインにも土台はあります。

慈敬の場合、物心ついた頃には常に人の顔色を伺っていたことから意見が言えなくなり、そのため自分はダメな人間だと思っていました。実家の家族に本音を出した回数なんて、片手で数えても余るくらいです。

しかし常に人の顔色を伺うことは、その人の潜在意識に潜む傷を無意識に感じ取る訓練になりました。また、意見を言えない自分はダメな人間だと思うことで、素直に意見を言い自分を出すことは大切だ、と思っている自分にも気づきました。

この無意識の訓練とネガティブ思考のパターンからの気づきが、慈敬の魂を目覚めさせる第1歩になり、今の魂のお役目の仕事の土台にもなっています。

初めて私たちを訪れてくださるお客様のうち、約90パーセントの人が涙を流されていきます。慈敬の魂の力で、自分の潜在意識に潜む傷が自然に癒されていくのです。

人の思念を読み取る能力を持つ眞證が、お客様の言ってほしかったことを口にしてあげることでも涙を流されます。

眞證は、幼い頃から、人の心の裏にある本音をその能力で指摘しては気持ち悪いと言われてきたため、自分の感情を押し殺してきました。その人の本音を口にすることで感じる苦しみの感情を押し殺すパターンを繰り返してきました。

しかし、その人の心の本音である真実を口にしてあげることは、誰にも理解してもらえなかった苦しみの感情を癒すことになります。

口にしていいんだという自信へも繋がっていきます。そう気づいた時、眞證の魂は目覚めの第1歩を踏み出しました。

今の魂のお役目の仕事の土台にもなっていることは、言うまでもありません。

これまでの思考・感情と行動パターンは、本当の自分のプロローグです。目覚めていく過程で不必要になるものもありますが、まずはあなたのパターンを知っていくとよいかもしれませんね。

第①章

「頭がつくる不安と安心」の理由を知れば、取り巻く環境が変わる

「頭がつくる不安と安心」の理由を知ると、不幸は止まる

頭の中でつくり出す、あなた自身を不幸にする一番厄介な想像事、それは、「未来への不安と安心」です。ああなったらどうしよう、こうなったらどうしようと、まだ起きてもいない不幸を、さも叶ったかのように想像し、不安になる。

その不安をなくしたいとばかりに安心を想像するものの、不安は解消されていませんから、安心を想像すればするほど不安は大きくなります。

頭は、不安をつくるスペシャリストです。そんな頭に対し、魂は、幸せを創るスペシャリストです。

この2つのスペシャリストを持つ人間の多くは、自分を幸せにしてくれる魂に蓋をし、自分の頭の不安を優先します。

そんな中でも**ネガティブ思考の人はとかく自分の魂を無視し、不安と不安を強化す**

る安心を頭でつくり出すのがとても上手。そのさまは、自分が不幸になっていくのを楽しんでいるようにも見えます。

この世はすべて、目に見えるものも見えないものも「素粒子」（エネルギー）という、肉眼では見えない細かな粒でできています。もちろん、不安も然り。

最初想像し始めた時は素粒子の数は少なく、想像の域に留まります。が、頭の力で不安と安心を繰り返していくと、頭に収まりきらない不安の素粒子が潜在意識にどんどん溜まっていきます。

ある程度溜まると、潜在意識の具現化する力で目に見える不幸の素粒子の塊となって、現実に不幸がやってきてしまいます。

飽きもせず毎日毎日頭で不安と安心をつくり続けていくと、いつかこういう羽目になります。「やっぱり不幸になった」と。

じゃあ、不安にならなければいいじゃないと、別の誰かは言うかもしれませんが、今の地球でそれができるのはごくごく一部の人だけ。宇宙に嫌な感情や苦しみを浄化してもらいましょう、とスピリチュアル的に何度やっても、不安と不安を強化する安心は拭い去れないのです。

なぜならば、**頭がつくる自分の不安と安心の理由を、あなたが知らないから。**頭は理由を知って初めて落ち着くしくみになっているのです。

頭がつくる不安と安心の理由。その根源は、**過去に起きた嫌な出来事にまつわる感情の記憶**です。

人間は頭で未来を想像する時、無意識に自分の過去に起きた出来事をベースに想像します。**過去に起きた出来事にまつわる感情の多くが「陽の感情」だったら、自分を幸せにしてくれる魂のエネルギーと同調し、ポジティブな未来を想像**します。

反対に、**過去に起きた出来事にまつわる感情の多くが「陰の感情」だったら、頭の不安が優先され、また嫌な出来事が起こるんじゃないかと想像**します。

どちらも無意識に、です。ああなったらどうしよう、こうなったらどうしようと不安になるのは、「前はああだったから、未来もきっとそうなるに違いない」と過去の陰の感情を再現しているにすぎません。

そこに過去の陰の感情を消そうと安心をつくっても、余計に不安が強化されるだけ。どんな陰の感情から不安がつくり出されているのかを頭が知らないかぎり、それは続きます。

不安になった時、また安心したいと思った時、不幸の未来を頭で想像する前に、今感じている自分の陰の感情に対し、「わかったよ」と何度か肯定してみてください。

そうすることで気持ちが和らぎ、不安の素粒子の集合が止まります。

その後、**忘れていた、過去に起きた嫌な出来事と陰の感情を少しでも思い出していき、不安の理由を頭に理解させる。**

最後に、**「もうこれからは違う」と優しく自分に言い続けていけば、ある日あなたを取り巻く環境に変化が現れ、不幸は止まります。**

無理なポジティブ思考が、陰の現実「うまくいかない」をつくる

私たちツインがこの仕事を始める数年前、時代はポジティブ思考こそ人生を幸せにするという手法の最盛期でした。

「何があっても前向きに生きよう！」

「ネガティブな自分が出てきたら、私はいつも元気！　楽しい！　毎日良いことばかり！　と口にしていれば、気持ちも現実もその通りになる！」

文末の感嘆符「！」でも示されるように、ネガティブな自分をどこかに追いやって、とにかく気持ちをポジティブに変える手法です。

これがはっきり言って、しんどかった！

確かにこの手法で自分を変えていける人もいるので、合う人はどんどんやっていただければと素直に思います。

しかし私たちにはどうにも合わず、この頃は無駄に心のエネルギーだけ消耗し、逆にうまくいかない陰の現実が増えたことを覚えています。

苦しい、辛い陰の現象に心を痛めながらでも向き合い超えることで、反対側の陽が大きくなって魂が成長し、本当の自分が目覚めていきます。これが魂のしくみであり、陰の現象を苦しい、辛いと、痛みを感じながら超えていくことに、神様は理を通されています。

なので神様の理が無い「無理」なことをしても、幸せに本当に必要なものは逃げていくばかり。そのことを私たちの魂は知っていたからだと思います。

無理なポジティブ思考が、陰の現実「うまくいかない」をつくる理由は3つあります。

1. どんな時もポジティブ思考になろうとすると、潜在意識の「うまくいかない」が助長される

潜在意識の「うまくいかない」が助長されるのは、どんな時もポジティブ思考になろうとする、頭からの無理な意識付けです。潜在意識にあるネガティブな物事の捉え方や感じ方を変えるために、頭で強制的にポジティブ思考にしようとすると『無理』が生じてきます。

ちょっとイメージしてみてください。闇夜の中、数十羽の黒いカラスが集団で眠っています。そこに一羽の白いカラスが飛び込んできました。驚いた数十羽の黒いカラスは自分たちの縄張りを守ろうと、寄ってたかって一羽の白いカラスを攻撃し始めます。

白いカラスは命からがらその場から逃げ出しますが、眠りと縄張りを妨げられた黒いカラスたちの興奮はおさまらず、しばらく暴れ続けます。

黒いカラスの集団は、潜在意識にあるネガティブな物事の捉え方や感じ方。一羽の白いカラスは強制的なポジティブ思考です。

こんな状態が繰り返されたらネガティブなエネルギーが騒ぎ続け、「うまくいかない」が助長されるのは当たり前ですよね。

2. 陰も持ち合わせる本当の自分を無視し続けた結果、本当の自分の苦しみが現実となる

人間として形を成した時から、心に陽の感情だけでなく陰の感情も持ち合わせているのが自分です。けれど自分の一部である陰を無視し続けたら、これも自分なのになぜわかってくれないのか！　と本当の自分が訴えてくるようになります。

この訴えが苦しみの現実として現れてくるため、その前に認めてあげることが大切です。

3. 陰の現実から逃げることで、陰の現象が追いかけてくる

人間にとって苦しい、辛いと痛みを伴う陰の現象は、本当の自分に近づくための魂の成長と幸せな環境に変化させる重要現象です。

無理なポジティブ思考は、この陰の現象から逃げることに値します。魂のしくみを創られた神様は逃げることを良しとしませんから、逃げても逃げても陰の現象を目の前に突きつけます。

すべては魂を成長させ、幸せな環境に変化させるため。最終的には魂のお役目を果たし、あなたに幸せに生きてもらうためです。

人生に絶望しなければ、想像以上の幸せがやってくる

頭がつくる最大の不安は「絶望」です。今この瞬間、息をして生きているのにもかかわらず、自らの人生が終わりになると思い込んでしまう、恐ろしい妄想です。

想像よりはるかに重い絶望という頭の妄想は、すべての希望を捨てさせ、人生を終わりにさせてしまうほどの絶対的な確信を抱かせます。

なぜにそこまで悲観的な妄想を、頭はしてしまうのでしょうか。

まだ、この瞬間を生きているというのに。

まだ、その身がここにあるというのに。


私たちツインのコンサルを受けられた方の中で、心が通じ合わない親子関係に苦労されている方がいらっしゃいました。ある日のこと、無理な要求をしてくる我が子との対応の中で、心無い言葉を受けたその方は、

「どんなことをしても、もうダメです。すべてが終わりです」

と、絶望をあらわにされました。

でも私たちから見るとまったく絶望的な状況ではなく、むしろ少し未来が明るくなった状態でした。事実、事態は徐々に好転していきました。

人は絶望状態に陥ると、目は開いていながら真っ暗な未来である闇を妄想し見据えます。闇を妄想し見据えると、どん底感を味わいながらも、不思議と現状の痛みが和らぎます。闇を見据えることで受け止めきれない現状が隠されると、頭は知っているからです。

つまり**頭がつくる最大の不安「絶望」は、生きるために心の痛みを和らげさせる痛**

みへの反応、生存本能なのです。

しかしながら闇を見据え続けると、だんだんと、もしくは急速に生存本能が感じられなくなっていきます。また生存本能だけでなく闇が心に定着していくと、魂の「在(あ)れ」とする生への光さえも心に届かなくなることがあります。そうなってしまうと、自殺が唯一の手段だ、と頭によって体が動いていく人も出てきます。

育ってきた家庭環境で親や周囲から否定される機会が多いと、こんなふうに絶望を妄想してしまう大人になってしまうのです。

魂と心と頭（体）は三重構造になっていて、一番奥に魂が存在しています。一番奥の魂のごくごく近い心の領域にあるのが、生存本能。この生存本能は魂の光を受け続けています。

ですが、陰の感情を持ち合わせ、闇を受け入れてしまう心の性質上、闇を見据え続けると光が届かなくなることがあります。

なので、**頭が絶望をつくり出し始めた際、「これは妄想だ！　心の癖よ、止まれ！」と自分に強くストップをかけ、心の奥の魂の光をイメージしながら感じてほしい**ので

魂と心と頭(体)は三重構造になっている

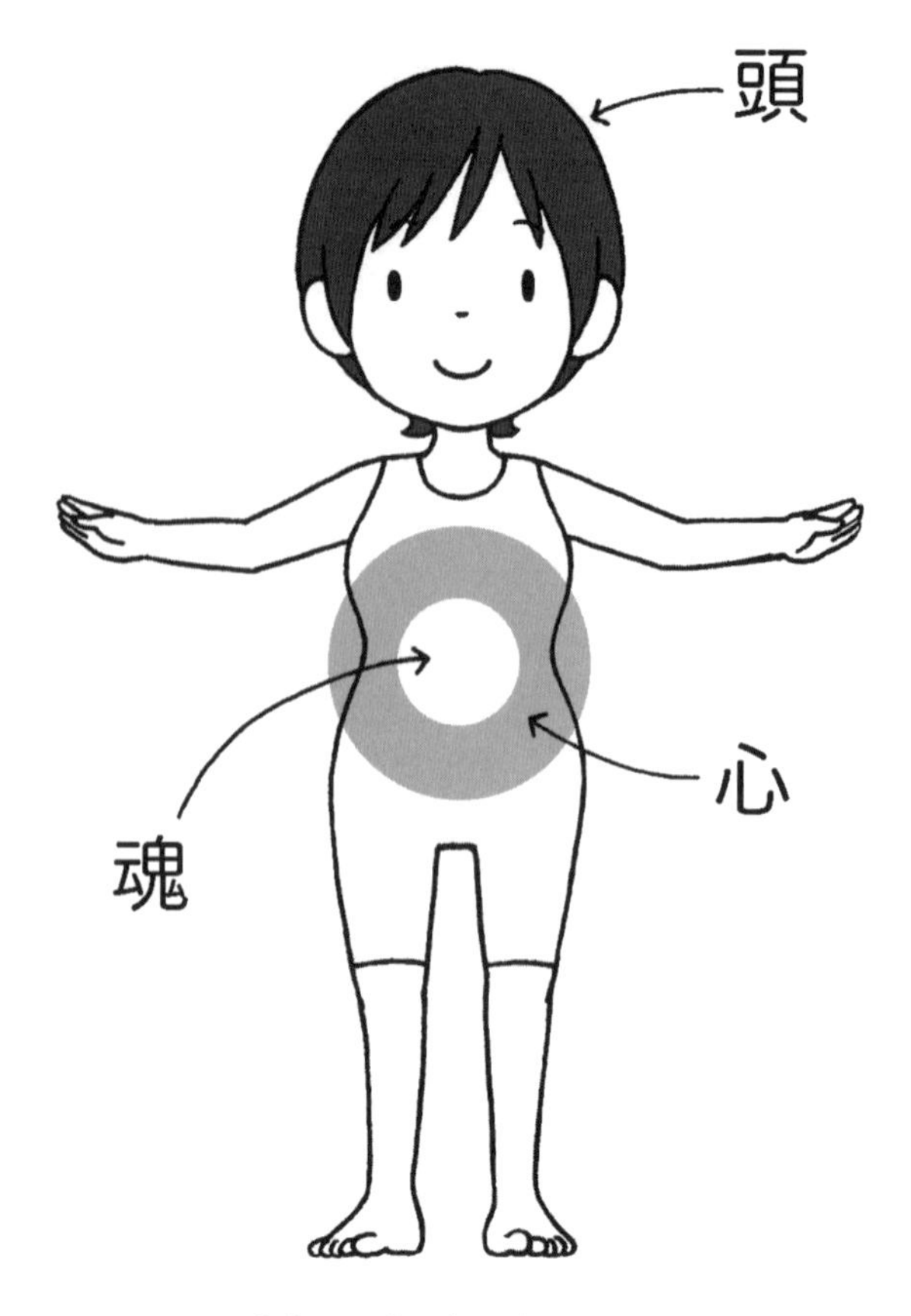

一番奥に魂が存在している!

す。

その後、胸に手を当て心臓の鼓動を感じ、呼吸を意識し、体や今あるものを一つひとつ思い浮かべてみてください。

ほら、できる何かが見えてきませんか？　魂の光が希望を照らしてくれているのです。その希望を諦めずにしっかり見据えていれば、想像以上の幸せな人生が必ずやってきます。

闇を選ぶか、光を選ぶか。すべてはあなたの意思の選択次第なのです。

離れられない「癒着」の関係を脱し、自律した個として助け合う喜びを得る

異性・同性問わず、恋愛感情は別として、その人と一緒にいる心地良さから「離れるなんて考えられない」と、心のどこかで思っていませんか？

たとえ意識的にそう思っていなくても、知らない間にその人と同じ意見や気持ちを持っていた、なんてことはありませんか？

もしあなたにそんな人がいるならば、それは「**癒着**」の関係にあると言えます。

癒着とは、医療では本来分離しているはずの臓器が炎症や外傷でくっついてしまう状態を示します。

人間関係では、個であるはずのお互いが接着剤でくっついたような、何をするにも一緒、離れていても一緒の思いになっている関係のことです。

癒着した臓器をイメージしてみてください。臓器と臓器の明確な境目がよくわからなくなっていますよね。

人間関係も同じで、癒着している相手とは自分との境目がよくわからなくなっています。相手を自分として扱ったり、相手の思考や感情を自分のものにしてしまうのがその証拠です。

溶け合いひとつになれる魂の性質から見ると、この離れられない癒着の関係は何もおかしくはないのですが、地球ではどうにも悪い印象を受けます。なぜならすべての魂が、癒着したままだと魂のお役目を果たせないことを知っているからです。

3次元の地球は物質社会です。あなたの体も物質です。その体の中に魂が入っていて、他の魂とは体で分離された状態が普通です。

魂同士が体で分離されているということは、地球で生きている間、魂はひとつになることなく、ずっと分離されたままです。

この分離された状態で、人間は自分だけで立てる経済的な自立と精神的な自律を獲得しなければなりません。特に精神的な自律を獲得しなければ、いつまでたっても自分も人も本当に幸せになれる魂のお役目が果たせない。それが地球の現実です。


自分の魂の力を使い、本当に幸せになれる魂のお役目を果たすためには、自分を信じる精神的な自律が必要です。


地球より上の次元の世界では、当たり前のように自分（魂）を信じていますが、地球では自分を信じられない人がたくさんいます。多くはいつかどこかの過去世で、自分が信じられなくなった経験をした魂を持った人たちです。

でもそのままでは魂のお役目を果たせませんから、自分を信じる修行をするために地球を選んで生まれてきたのです。

ただ大変な修行ですよ？　見えない感じにくい体の中にある自分の魂をどうやって

信じればよいのか、まるで雲を掴むような修行なのですから。

それでも、魂のお役目を果たして幸せになっている人たちがいるということは、あなたにもできるということです。

「離れるなんて考えられない」

もしそう思っている人がいるなら、一緒にいる時間や交流をあえて少なくし、他の人に自分だけの考えや気持ちを出す訓練から始めましょう。


最初は怖いです。心許ないです。それでも自分の考えや気持ちを出し続けていくと、体の内側から湧き上がってくる陽のエネルギーを感じられるようになります。熱い、もしくは暖かな魂からのエネルギーです。

魂からの陽のエネルギーを感じ続けていると、誰かのために、何かのためにやりたいと思う何かが湧き上がってきます。そのやりたいと思う何かを形にしていくのです。

現代のSNS（ソーシャル・ネットワーキング・サービス）は、やりたいと思う何かを発信し形にしていくにはとても便利なツールですので、ぜひとも活用していただきたいと思います。

そうしていくうちに、あなたは精神的に自律した個に成長し、助け合える仲間も現れるでしょう。そして、幸せの喜びを感じながら魂のお役目を果たせるようにもなっているはずです。

その道のりは決して平坦ではなく、曲がりくねっているかもしれません。けれどいつか振り返った時、真っ直ぐに自分を信じられる道がつくり上げられているはず。

その修行完了の日を、今ここで前祝いさせてください。

「神様、仏様」にすがればすがるほど不安になる

神様も仏様も、願いを叶えてくれる存在。そして仏様は死後、浄土（天国）へ導いてもくれる存在。だから、手を合わせて「お願い」をする。

日本にそんな風習が根づいたのは、いつからなのでしょう。

神様も仏様も、人間の願いを叶えてくれる存在ではありません。**生かせていただだい**

ていることに感謝することで、神様、仏様のエネルギーと繋がり、自分の力で生きる人生を見護ってくださる存在です。

あの世の記憶を持つ眞證も、太陽神・天照様を信仰する黒住教の家で育った慈敬も、出逢った時からこの見方で完全に一致しています。なのに周囲を見渡すと、神様や仏様にすがって「お願い」ばかりし、自分では願いを叶えるための努力をしない人たちが多すぎます。

この、自分の人生なのに自分の力を使わず、神様、仏様に対してクレクレとお願いばかりする人たちは、通称「クレクレ族」と呼ばれています。彼らは常に抱える不安を安心に変えようと、神様、仏様に対して間違った行為をし続けています。

現代の日本に蔓延している多くのスピリチュアルも、同じ類に見受けられます。自分で考える前に見えない存在のメッセージに頼り、陰の感情や思考はいらないと宇宙に浄化を頼む。自分で自分をなんとかしようとせず、依存しまくる。そうすることが幸せになるための秘訣だとされています。

これでは幸せに変わることさえままならないので、最後の駆け込み寺として私たちツインのもとを訪れる方が非常に多いのが現実です。

日本に入ってきているスピリチュアルは、自分の気持ちや思いを素直に外に表現できる文化を持つ外国が発祥とされています。自分を表現できる外国人は自分がわかっていますから、目に見えない存在と仲良く付き合え、自分をなくすほどスピリチュアルに依存しません。

ところが謙虚を美徳とし、自分の気持ちや思いを素直に外に表現しない文化を持つ日本人の多くは、自分がわからない状態にあります。

自分がわからない状態は、とにかく不安でいっぱい。そんな不安を目に見えない存在に解消してもらいたくてスピリチュアルにすがるのですが、その表現は自分のものではないので、不安は増大するばかりです。


神様、仏様にすがりたくなる気持ちは、とてもよくわかります。何をやってもうまくいかず不安満載だった過去の私たちも、お願いだからもう助けてほしいと、神様や仏様にすがったことがありましたから。

けれど不安は大きくなっても、消えることなく、助けてももらえなかった。結局、

大切なものは、自分の中に息づく神様、仏様と繫がっている魂の試練を超える力だったのです。

本物の神様、仏様は、初めは軽くヒントを教えますが、あとは自分でやれと、厳しくそして優しく見護ります。

ちなみに「仏の顔も三度まで」のことわざですが、眞證の記憶によると、仏の顔は一生懸命現実に向き合い、試練さえも超える努力をしている人にのみ、三度あるのだそうです。常に逃げている人には頑張っても二度まで。それで気づかなければ、幸せは遠ざかってしまいます。

神様は崇高な存在がためもっと厳しいですから、神の顔で一度軽くヒントを出すだけ。人間のお願いなんて完全にスルーです。その分自分の力で一生懸命やれば、確実に幸せへと近づいていきます。

神様、仏様にすがるのではなく、神様、仏様と繫がっている魂はあなたの中にあります。不安を感じた時こそ、あなたの魂の力を使うチャンス。そのチャンスを活かしていただくことを願います。

「本当の自分」を取り戻したければ、目先の快楽を追い求めるな！

「外に楽しみを求めても満足できなくて。でも本当にやりたいことがわからないから、結局何にもやれなくて。満足もできない、何にもやれない、なんてあまりにも辛すぎましたよ。

だから今、本当にやりたいなって思うものが出てきてやってるから、生きている幸せを心の底から感じられるんだと思います」

これは、私たちツインのもとに長年足を運んでくださっていた方の生のお声です。この方は本当の自分を取り戻し、心の底から幸せを感じられる魂のお役目を今、実現されています。

ふとお話しくださったことが「ああ、まさしくそのとおりだ」と、私たちの魂に響いたのを覚えています。以前のこの方を知っているだけに、心にも強く残っています。

「本当の自分」とは、魂のお役目を実現している自分です。

この自分を取り戻すと、目先の快楽をほぼ求めなくなります。一度魂のお役目のエネルギーを知ると、目先の快楽がいかに弱々しいものであったかを実感するからです。

そして2つのエネルギーに雲泥の差を感じるようになると、より楽しく、より満たされる魂のお役目をどんどん実現していきたくなります。

たまに気持ちを休ませたい時やリセットしたい時は、目先の快楽でホッと一息つくこともありますが、年に1、2回程度ですんでしまいます。

そんな**目先の快楽を「儀楽(ぎらく)」**と、私たちは呼んでいます。

簡単に手に入る目先の娯楽や一瞬の快楽等の欲にかられた「楽」のことで、努力せず簡単に手に入ります。まさしく頭が求める「ラク」そのもの！

そして「儀楽」を手に入れたい場合は、大抵お金が必要です。

・物を買う
・旅行
・映画
・カラオケ

儀楽と真楽

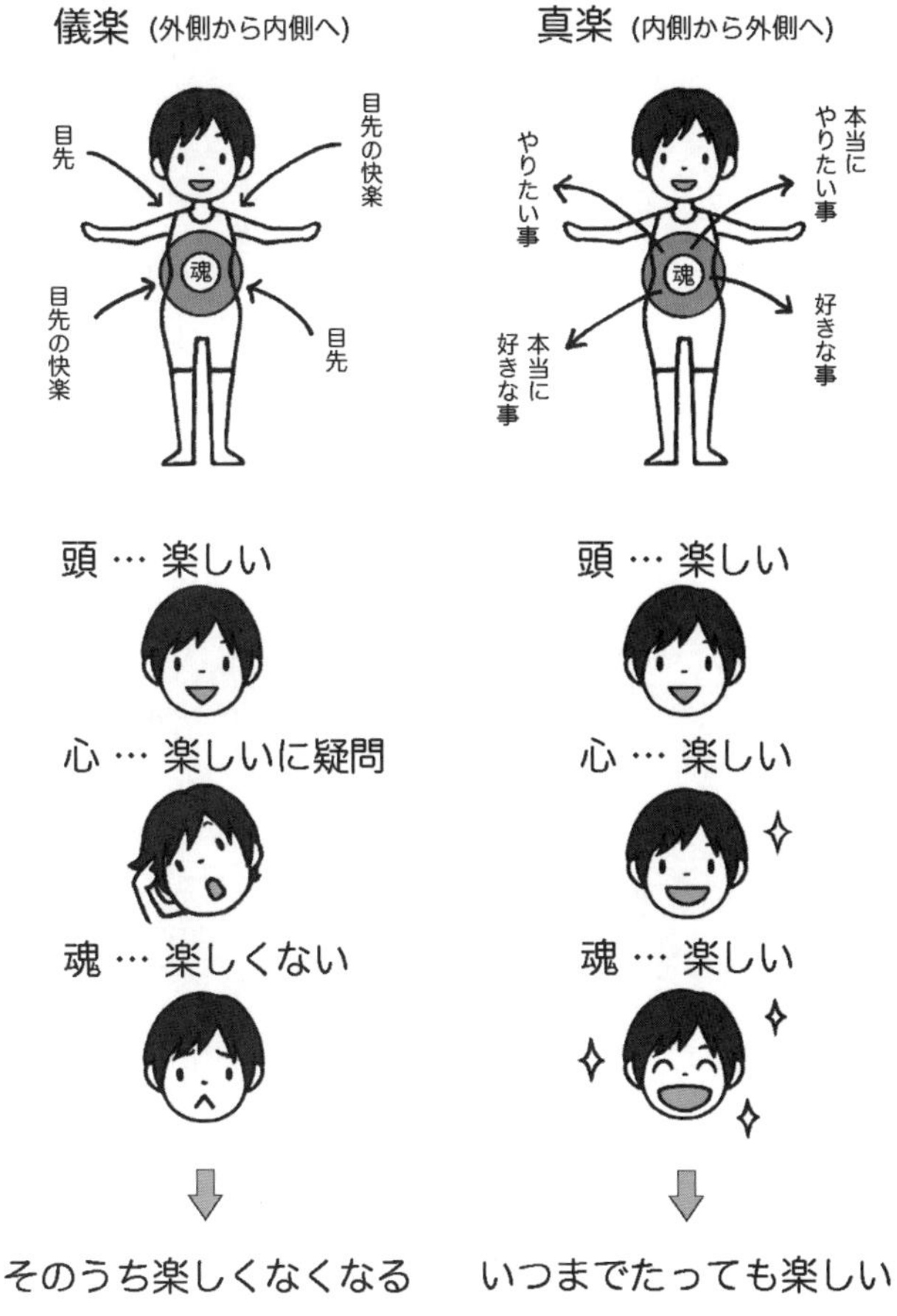

儀楽（外側から内側へ）

目先

目先の快楽

魂

目先の快楽

目先

頭…楽しい

心…楽しいに疑問

魂…楽しくない

そのうち楽しくなくなる

真楽（内側から外側へ）

やりたい事

本当にやりたい事

魂

本当に好きな事

好きな事

頭…楽しい

心…楽しい

魂…楽しい

いつまでたっても楽しい

・パチンコや競馬等のギャンブル

などなど。

自分の外側にある「楽」は、お金と交換しないと手に入らないようになっていますが、それらは魂の自分が求めるものではありません。頭の自分が求める「楽」なので、魂だけでなく心も本当に楽しめているかは疑問のところです。

これに対し、**魂の自分が求める「楽」を「真楽（しんらく）」**と、私たちは呼んでいます。

今この瞬間を満足できる悦（よろこ）びを味わいながら、魂のお役目をいかに全うして生きるかを実践する「楽」です。また魂のお役目に対し、飽くなき学びと追求もし続けます。

真楽は、内側から外側へ永遠に湧き出る魂の悦びのエネルギーです。基本お金はかからず、反対にお金を生み出してくれる優れものです。魂の自分はこの真楽を、いつも求めているのです。

ただ、お金を第一の目的にすると、真楽は得られなくなるので、ご注意を。

真楽は魂のお役目と直結しています。ですから本当の自分を取り戻すためにも、第一の目的は魂のお役目の実現でなければいけないのです。

「今のままでいたい」から、動かない理由を考えてはいないか？

なかなか今の自分を変えていけない人たちの心の隙間から流れてくる本音のエネルギーを感じると、こんな思いが聞こえてきます。

「今のままでいたい！」

そういった人が私たちのところに相談に来て、開口一番に、「今のままでいたくない、本当の自分を取り戻して魂のお役目をやりたい」と言います。しかしその後すぐ、「動けない（自分から動かない）現状」を決まって話し始めます。

・お金がないから
・遠方だから

・子どもが小さくて手がかかるから
・子どもが小学生（中学生、高校生）だから
・主人が拘束するから
・仕事が忙しいから

最後に言うのは、「でもいつか、変わりたい」。

なかなか今の自分を変えていけない人たちの言う「いつか」は、自分で動こうとしない人の共通の言葉です。

今の自分を変えるために動き、本当の自分を取り戻して幸せになるんだと本気で思っている人は、「いつか」は言いません。

また動けない現状の並べ立ては、今のままでいたい本音のカモフラージュを示しています。そこのところをお伝えもするのですが、なかなかご理解いただけないことが多いので、その点は私たちとしては正直辛いところです。

今のままでいたいから、動かない理由を考えるのは、半分は、「頭はとにかくラクをすることが大好き」だから。

もう半分は、どんな苦しい現状でも、変わることは危険だから今の自分を貫こうとする「潜在意識のしくみ」からです。

潜在意識のしくみについては第2章でお話ししますので、ここではラクが大好きな頭について述べさせていただきます。

頭はとにかくラクが大好きです。お腹が空いたらすぐに食べたいし、働かずにずっと遊んでいたいし、物や情報やお金など欲しいものはすぐに手に入れたい。

そのラクを叶えようと、地球に住む人間は、どんどんラクを実現化してきました。日本でもおおいにラクは普及しています。そしてラクが普及すればするほど、今より不便で面倒だった時代には戻りたくないと考える人も増えてきています。

一番わかりやすい例が、スマートフォンです。発売からたった10年余りしか経っていないのに、日本人への普及率は85パーセント以上。早くて便利でラクな機能に、世代を超えてハマっていっています。

もしこのスマートフォンが急に地球から消えたら、同時にインターネットも消えたとしたら、いかがでしょうか？　もうどうやって生きていけばいいのかさえしばらくはわからなくなる、なんて事態になるかもしれません。

一度ラクを覚えると、人間はラクではない現状を突きつけられた時、不便で面倒だと感じ、困ります。だからこそラクな今にとどまりたがると、私たちは常々思っています。

本当の自分を取り戻すには、しばらくの間、頭が大好きなラクから意識的に遠ざかる必要があります。本当の自分を取り戻すための、自分の心を知り、魂を知っていく作業は、あなたが考えているほどラクではないからです。

例えるなら、ジャングルで火起こしをする際、便利なサバイバルグッズを使わず、自然の中にあるものを探して苦労しながら火を起こす作業に似ています。

自然の中にあるものとは、自分の心や魂の中にあるもの。最初はなかなか見えませんが、続けていくことで必ず見え、理解し、自分の力でコントロールして魂のお役目ができるようになっていきます。

この作業は頑張って最低3年、ひとりでやったら何十年とかかる作業です。かつ、命と時間も有限です。残りの人生、できることなら本当の自分を取り戻し、幸せに生きたいと思うのは私たちだけではないと、魂からの声を聞く日々です。

「みんなと同じ」から脱出する！　違う個性が環境を変えていく

今でこそ、大勢の人前で魂のお役目を実現していくためのセミナーや講座をさせていただき、時々笑いまで取れるようになった慈敬。ですが、子どもの頃は人前で話すことを想像するだけで固まってしまうほどの引っ込み思案で、「みんなと同じがいい」といつも思っていました。

一番恥ずかしかったのは、小学校の夏休みの自由研究発表で花の名前をとんでもなく間違え、クラスの全員に笑われたこと。

今だったらわざと花の名前を間違え、聞いている人にツッコミまで要求して笑いを取るほどなのに、あの時はそんなことは考えもしませんでした。

小学校時代の友人からしたら、あまりの豹変ぶりに同一人物には見えないかも、と思ってしまうくらいです。

自分の意見を言わず、長いものに巻かれろ的なところがある日本人の多くは、人と違うことを極端に恐れる傾向にあります。自分と周囲の人たちとは何か違う。そんな思いを抱きながらもひとりぼっちになりたくなくて、本当の自分に嘘をつき個性を消し、集団のエネルギーに染まろうとします。

ひとりぼっちになりたくないのは、魂は上の次元に行けば行くほど、ひとつに溶け合っていた記憶があるからです。

なのに地球では、体を持っていることで溶け合えません。人と違うことは溶け合えない、怖い。ならば人と違う自分を消し、「みんなと同じ」になれば溶け合える感覚が得られるだろうと、個性を消す選択をしているにすぎないのです。

しかし！　個性を消す選択は間違っています。

魂は地球にそれぞれのお役目を果たしに来ています。それなのに個性を消すことは、自分の魂の目的をなかったことにするのと同じことです。

「違う個性だからこそ活かさなければ、魂のお役目は果たせない」

この事実を次の「素粒子（エネルギー）の本質」でご理解いただけると、嬉しく思います。

目に見えるものも見えないもの、この世に存在するすべてが、素粒子という肉眼では見えない細かな粒で創られています。

その素粒子は、それぞれ固有の振動数で振動しています。似た振動数の素粒子は引き合い、その場で安定しようとしますが、違う振動数の素粒子とは反発し合います。

この性質だけ見ると、人と違う個性を出し活かすことは、反発する素粒子の状態に思えるでしょう。

ここでひとつ考えてみてください。

この世のすべてが素粒子でできているなら、魂も素粒子でできていますよね。その魂はみんな違う個性を持っています。

ツインソウルである私たちの魂でさえ、まったく同じ個性ではありません。タオのシンボルのように、陰陽正反対の個性を持った半分ずつの魂が、ひとつになっているだけ。

みんな違う個性の魂だからこそ個性を発揮し、それぞれの魂の力を溶け合わせた時、今とは違う環境の大きな創造が可能になります。

この真実こそ、素粒子の本質です。

「みんなと同じ」から脱出しましょう！

違う個性を発揮し、助け合いながら魂の力を溶け合わせていきましょう！

それが、神様の御意思です。

みんな違って当たり前、なのです。

本当の自分を取り戻せる「あの世コラム」……①

地球で本当の自分を生きるためには、頭という道具が必要

これからお話しする、本当の自分を取り戻せる「あの世コラム」は、眞證が持つあの世の記憶がもとになっています。あの世で見たり経験してきた実際の内容ですので、インターネット等の情報とは異なる部分があるかもしれません。その点をご了承くださり、読み進めていただけると幸いです。

さて、本題に入りましょう。6次元以上の世界では、地球では考えられないことが当たり前のように行われています。

・わざわざ動かなくても、思えば欲しいものがすぐ手に入る
・それぞれの次元への移動はできないが、行きたいところに瞬間移動できる
・テレパシーで会話できる

・思ったことが瞬時に実現する
・その場にいながら、どこまでも見渡せる千里眼を持つ

まるで夢のような世界ですよね。ホント地球、制限多すぎ。できることなら今すぐ、6次元以上の世界に行きたいくらいです。

あまりにも制限が多い地球と比べると、6次元以上は何でもできる神の世界です。地球で果たそうとする魂のお役目の行動など、6次元以上の世界では朝飯前。もちろん6次元以上の世界には、その次元に合った魂のお役目の行動がありますから、それなりの苦労はつきものですが。

本当の自分を生きるとは、魂のお役目を果たしながら人生を生きることです。

でも悲しいかな、地球を選んでくる魂は不便すぎる体の中に入ってしまうため、ほとんどがお役目を忘れてしまいます。

そのうえ魂の本当の自分を否定し、ラクを好む頭までついているのですから、お役目なんて死ぬまで考えない人生だってあるわけです。

地球ではまず、お役目を果たす前に、本当の自分を取り戻さなければなりません。それから本当の自分を生きるために、頭を使って3次元の物質を駆使しながら魂のお役目を果たすのです。

ここで重要なのが、**「ラクが大好きな頭をいかにコントロールするか」**ということ。

人間の魂は、自分が神様のように何でもやれていた意識が抜けず、行動すればすべてが良きように叶うと信じています。

ですが、地球ではうまくいかない結果になることも多々。そんな結果を見た頭は、結果を受け止めないばかりか、行動もしない選択をしたがります。苦しみや痛みは悪だからいらない、ラクがしたいと思うからです。

このまま放っておくと、どうせ行動するのなら良い結果や他人の努力で結果が出ているものを効率良く得よう、という考えにまで至ってしまいます。

本当の自分を取り戻し、**地球で本当の自分を生きるためには、この堕落満載の頭を奮い立たせることから始めなければなりません。**

そしてやろうと思うことを一つひとつこなし、思うような結果ではなくても、すぐに結果が出なくても継続していくことが大切です。

あまりにも苦しい時は、地球の大きなエネルギーが循環する栄枯盛衰を感じに、大自然を訪れてみましょう。

大自然に触れれば、逆境に負けない植物のように成長していく魂本来の姿を思い出し、心が安定するはず。そこからまた頭を使い、この3次元の地球で本当の自分を生きていってほしいと思います。

第②章

「潜在意識の思い込み」を抱きしめれば、生き方のシナリオが変わる

「潜在意識の思い込み」を抱きしめるとは、本当の自分を想い出すこと

近頃では、潜在意識という言葉がかなりメジャーになりました。潜在意識とは、人の心にある無意識の領域のことです。この潜在意識には、今を生きにくくしているたくさんの本当の自分が存在しています。明確な意識として認識できるもうひとつの心の領域・顕在意識が持つ自分など、比べ物にならないほどです。

潜在意識に存在する今を生きにくくしているたくさんの本当の自分はあまりにも多すぎて、顕在意識ですべてを理解することは不可能だと言われています。

それでもひとつでも多く、**潜在意識に存在する今を生きにくくしている本当の自分を想い出し、その思い込みを抱きしめてあげれば、これからの生き方のシナリオが変わっていきます。**

私たちが感じる心全体を100パーセントとするならば、潜在意識は約95パーセン

トで、顕在意識はたったの5パーセントほどです。

この2つの意識の割合は、宇宙全体の約96パーセントを占める正体不明の物質と、約4パーセントの解明できている物質の割合とほぼ同じ（正体不明の宇宙の物質は、ダークマターおよびダークエネルギーと呼ばれています）。

よって心も宇宙そのものと言えるかもしれません。

「そんな広すぎる宇宙そのものの心（潜在意識）に存在する本当の自分を、ひとつでも多く想い出していくなんて、気が遠くなりそう」

ごもっともなお言葉です。たしかにひとりで想い出していくのならば、気が遠くなりますね。想い出し方もわからないのですから。

なので、その道のプロの手を借りながら、一緒に今を生きにくくしている本当の自分を想い出していくのがオススメです。

生き方のシナリオを変えるために想い出す自分は、それほど多くはありません。人にもよりますし、また簡単ではありませんが、大きなものを2つか3つくらい想い出せばよいところです。

想い出す本当の自分は、

「私なんて、○○だ」

「私は、○○だからダメな人間だ」

という、今を生きにくくしている潜在意識の思い込みです。

・私なんて、愛されるわけがないんだ
・私なんて、誰も必要としていないんだ
・私なんて、何を言っても通じないんだ
・私なんて、何の価値もないんだ
・私なんて、いなくていい
・私は、人を困らせるからダメな人間だ
・私は、頭が悪いからダメな人間だ
・私は、失敗ばかりするからダメな人間だ
・私は、何にもやり遂げられないからダメな人間だ
・私は、何をするにも決められないからダメな人間だ

これらはほんの一例です。ご覧のとおり、今を生きにくくしている陰の思い込みですが、理由があってこのような陰の思い込みをつくってしまいました。しかしあまりにも辛すぎて潜在意識に押し込み、忘れてしまったものばかりです。

せっかく忘れたものを、わざわざ過去を振り返って想い出さなければいけないのは、はっきり言ってかなり辛いです。それでも想い出し、放置していた昔の辛かった自分を誰かが抱きしめてあげなければ、陰の思い込みのまま人生を生き続けてしまいます。

『想い出す』と書いたのは、**『心許す相手と思いを共有』して想い出し、抱きしめることで、人生のシナリオが変わっていきやすくなる**からです。

潜在意識の陰の思い込みは自分ひとりでつくったのではなく、昔に誰かと関わってつくったもの。

と言うことは、その思い込みを想い出し、抱きしめ、生き方のシナリオを変えていく時も、心許す誰かとの共同作業が必要になってくるのです。

過去を辿りながら、自分の潜在意識の思い込みをできるだけ明確に想い出しましょう。そして、たくさん抱きしめてあげてください。

私たちと一緒に。

自分を苦しめる潜在意識の「13の禁止令」の正体とは

人はおおよそ6歳くらいまでに、自分の生き方のシナリオ『人生脚本』を潜在意識につくると言われています。その人生脚本は、親からもらった言葉や態度のメッセージにより自分が決断してつくったものが基盤となります。

この**決断の中でもネガティブなものを『禁止令』と呼び、禁止令に気づかないまま放置しておくと、苦しい人生を送る**ことになります。

また地球を選んで人間として生まれてくる魂は、魂のお役目を果たす以外にカルマを落とすことも決めてきています。

そのため禁止令をつくる時、自分の頭にカルマがあることを気づかせるよう、魂が持ってきたカルマのエネルギーと似た禁止令をつくらせます。それだけ潜在意識には魂のエネルギーが常に流れ込んでいて、魂はいつも「本当の自分を取り戻せ」と言い続けているのですね。

なのに多くの人は、自分の人生がうまくいかない理由を外部のせいにしたり、苦しみから逃げようとします。

または「もともとこんな性格だから」と、苦しい自分が本当の自分だと思い込んでしまっています。

まずは自分がつくった潜在意識の禁止令に気づきましょう。全部で13ある次の禁止令のうち、どの禁止令を自分が持っているか、チェックしてみてください。ひとつだけでなく、いくつか持っている場合もあります。

1. 存在するな（存在の禁止）

自分は生きていてはいけないと思い、ことあるごとに自分を否定します。自分を否定しすぎて、常に他人のせいにする人もいます。

2. お前であるな（性別の禁止）

自分の性に自信が持てなくなってしまっています。自分の女（男）っぽい部分を嫌だと思い、わざと男（女）っぽく振る舞います。

3. 子どもであるな（子どもであることの禁止）

子ども時代を自由に過ごせず、大人らしくしてきたため、責任感が強くなりすぎて堅物になる傾向があります。

4. 成長するな（成長の禁止）

甘やかされたり、過保護に育てられ、子どものまま何もできないでいい、と思う大人になります。

5. 成功してはいけない（成功の禁止）

成功を褒めてもらえず、失敗した時だけ励まされたり、批判される経験を繰り返すことで、常に失敗する道を選択します。

6. 何もするな、実行するな（実行の禁止）

自分では何もできないと思っています。できない言い訳ばかりをして、人に嫌われたりもします。

7. 重要であるな（決定の禁止）

親から可愛がられていないと思うことで、「目立たない」「責任を負わない」重要度の低い自分で生きようとします。

8. 所属（仲間入り）するな（所属の禁止）

集団に溶け込めず、常にひとりで行動しようとします。ひとりの気楽さばかりを追い求めます。

9. 親しくするな、近寄るな（愛情・信頼の禁止）

人に近づくと迷惑をかけるという思い込みがあるため、他人と親密になれず、自分さえ我慢すればいいと、ひとりで頑張ろうとします。

10. 健康であるな（健康の禁止）

それほど悪くないのによく体調を崩しては人に心配してもらう喜びを、無意識に求めます。

11. 考えるな（創造性の禁止）

物事を論理的・冷静に考えられません。考えることに自信がないので、自分で判断することが極端に苦手です。

12. 感じるな（感情の禁止）

感情表現が苦手で、無関心・無感動。自分のことなのに他人事のように感じるなど、感情を抑え込む癖がついています。

13. 欲しがるな（欲求の禁止）

我慢が当たり前の生活が板につきすぎ、自分の欲求を口にしないばかりか、幸せを人に譲っては自分を後回しにしようとします。

自分がどの禁止令を持っているか、気がつかれましたか？

その禁止令を胸でよくよく感じてみてください。なぜ、その禁止令で苦しまなければいけなかったのか。

この本を読んでくださっているあなたなら、魂からのメッセージをきっと受け取れるはずですよ。

辛いのは、「陰の生き方」を大切にしているから

辛い思いなんてもうたくさんだ！　と思っているのに、気がつくと辛い生き方を選択してしまっている。それはあなたが、誰のせいでも何のせいでもなく、陰の生き方を大切にしているから。

陰の生き方のみを大切にし続けると、人は不幸になります。陰の生き方から反対側にある陽の生き方に気づけば人生は幸せに向かっていくのですが、日本人の多くは陰の生き方のみを大切にしています。

不幸になる陰の生き方を大切にしているなんて、にわかに信じられないかもしれませんが、そんな自分に気づけていない人が多すぎるのですね。

第1章でお話しした、なかなか今の自分を変えていけないのは「今のままでいたい！」からという、もう半分の理由をこれからお話しします。

この理由を読むことで、「今のままではいけない！」と本気で思われたなら、本当の自分を取り戻したい魂に響いたことになります。その魂のままに本書を読み進め、幸せになれる本当の自分を取り戻していってください。

陽より陰の感情を多くつくり上げる日本人は、苦しみや悲しみ・怒り等を多く感じながらも、それらを外に表現することが苦手です。陰の感情は悪いものだという周囲の間違った価値観から、陰の感情を外に表現すると嫌われてしまうと子どもの頃に学んでしまうのです。

この外に表現しない陰の感情は、

「私なんて〇〇だ」

「私は、〇〇だからダメな人間だ」

という自分を貶（おとし）める思い込みになり、潜在意識に沈んでいきます。

類似項目として、前述の『13の禁止令』もそれに当たります。

潜在意識と魂

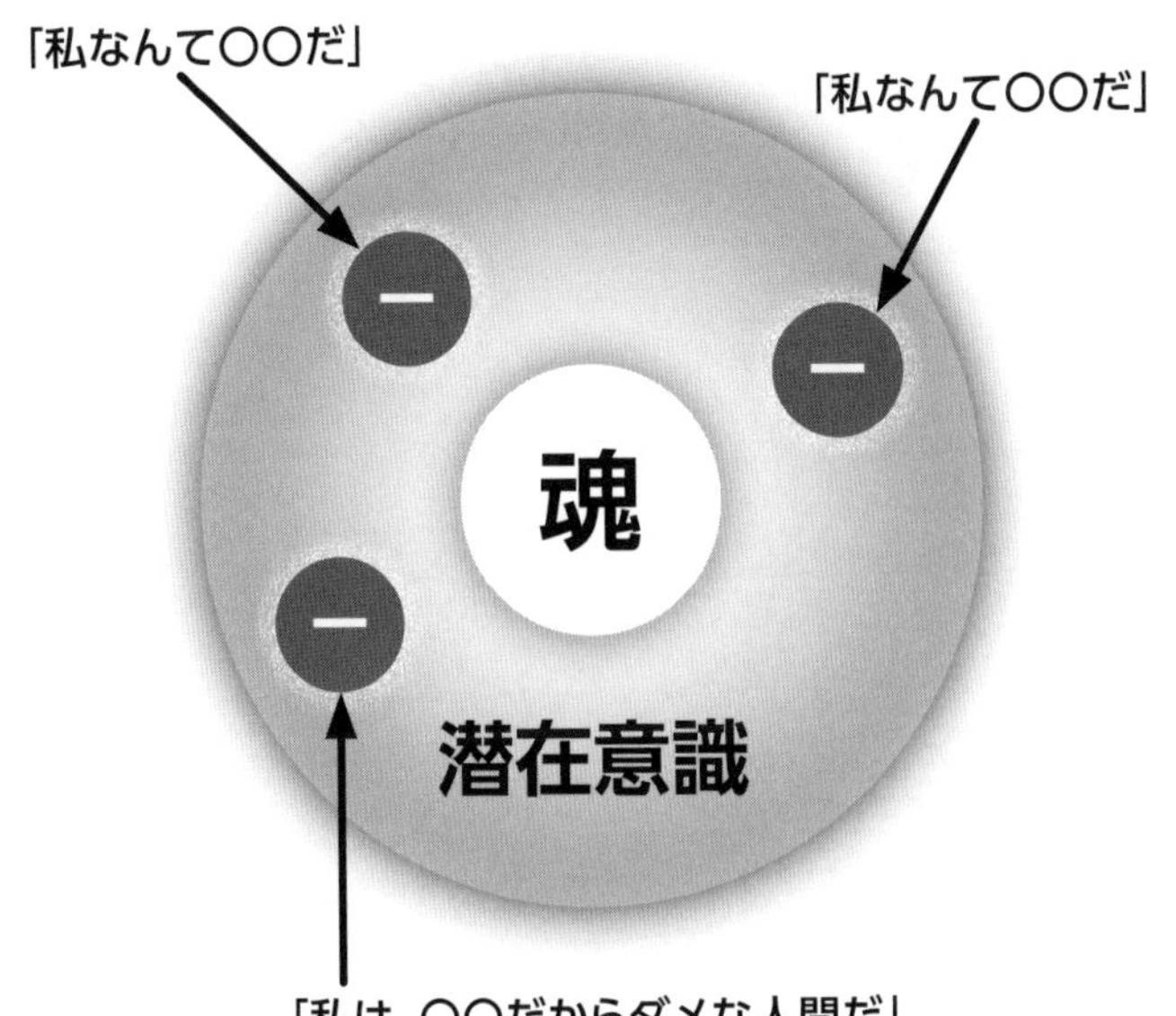

マイナスの素粒子が
たくさんになると、
不幸な陰の生き方が実現される。

「私なんて○○だ」

「私は、○○だからダメな人間だ」

という自分を貶めるネガティブな思い込みは、マイナスの素粒子となって、意識できない潜在意識に留まります。このマイナスの素粒子が潜在意識にたくさん留まっていると、自分を貶める、つまり不幸な陰の生き方が実現されていきます。

そこに、どんな辛い現状でも変わることは危険だから、今の自分を貫こうとする潜在意識のしくみが働き、無意識に陰の生き方が継続されます。陰の生き方のみを大切にした潜在意識は、自分を貶める不幸な陰の生き方が本当の自分だと、さらに頑なに実現し続けてしまうのです。

本当の自分を取り戻し、幸せになりたいと本気で思うのなら、陰の生き方の発動源であるネガティブな思い込みを知っていく必要があります。

「私なんて○○だ」

「私は、○○だからダメな人間だ」

という自分を貶めるネガティブな思い込みは、一体何なのか。なぜ、そんな思い込みをつくってしまったのか。

自分を貶めるネガティブな思い込みを知っていくことは、抱きしめてあげることでもあります。そうすると、マイナスの素粒子はプラスの素粒子に変わっていきます。

「わかってくれて嬉しい」と。

あなたの中のネガティブな思い込みは、あなたにわかってほしい、抱きしめてほしいと、いつも望んでいるのです。

根は優しい人だからこそ、罪悪感を感じる

魂は本来、すべてにおいて自己責任であることを知っています。それはこの世に生まれてくる時、幾通りもの人生を自分で決めてくるからです。

何が起きても、何を思っても、何を感じても、すべてあの世で決めてきたこと。誰かのせい、何かのせいという概念はありません。

なので、もしうまくいかないことや間違いだと思ってしまうことが起きると、自己責任を知っている魂は自分に対してエネルギーを向けます。

「自分のせいでうまくいかないんだ」と。

ただ、この時点では罪悪感にまでは至っていません。自分で決めてきたことをシンプルに認めているだけです。

このシンプルに認めている基点から、「魂の資質」により罪悪感を潜在意識につくりやすいかどうかが決まってきます。

魂の資質とは、もともとの魂の性質のことです。

・愛（慈愛、博愛、無性の愛、等）
・真実
・信頼
・素直
・自由
・協力
・平等
・共存

・純真
・調和
・真理
・思いやり合い

これらは私たちツインが今まで関わってきた方々の魂の資質ですが、まだほんの一部で、もっとたくさんの資質があります。

そしてこの魂の資質は、魂の親である大きなエネルギー体の大神様から分かれてくる時に、すでに決まっています。

原初の宇宙にたったおひとりでいらした大神様は、あまりにも何もやることがなく、つまらない日常を送っておられました。

「いろんな経験をして味わってみたい」

そう思われた時、ご自分の体をたくさんちぎり、自分の代わりに経験して戻ってておいでと、たくさんの魂を宇宙中に飛ばしました。

魂は『分魂（わけみたま）』となり、「経験＝魂のお役目」を果たそうと生まれたての地球にも入り、その命が様々な形に進化していきました。

大神様の体のそれぞれの部位から分かれてきた魂は、皆魂の資質やお役目が違います。前記の魂の資質も言葉で表現すると少なくなりますが、例えば同じ『慈愛』でも細かく見ていくと微妙にエネルギーが違います。どの魂も、唯一無二の存在なのです。


罪悪感を潜在意識につくりやすいのは、本質的に大きな優しさも持ち合わせている『愛』の資質の魂を持っている人です。他の資質の魂も罪悪感をつくりますが、自分の過ちを悪とする罪の重さに耐えきれず、罪悪感を違う感情に変換することも少なくありません。


それに対し『愛』の資質の魂を持っている人は、どれだけ痛くても罪悪感という刃をそのまま自分に突き続けます。潜在意識でだけでなく、顕在意識ででも。

それだけ自分より相手を大切にし、愛しているのです。そんな愛溢れる人を、まわりの人が放っておくわけがありません。

罪悪感を感じることが続いて苦しいなら、「すべての命が求める愛を持っている」と、自分の中の『愛』の魂を感じてあげられるとよいですね。

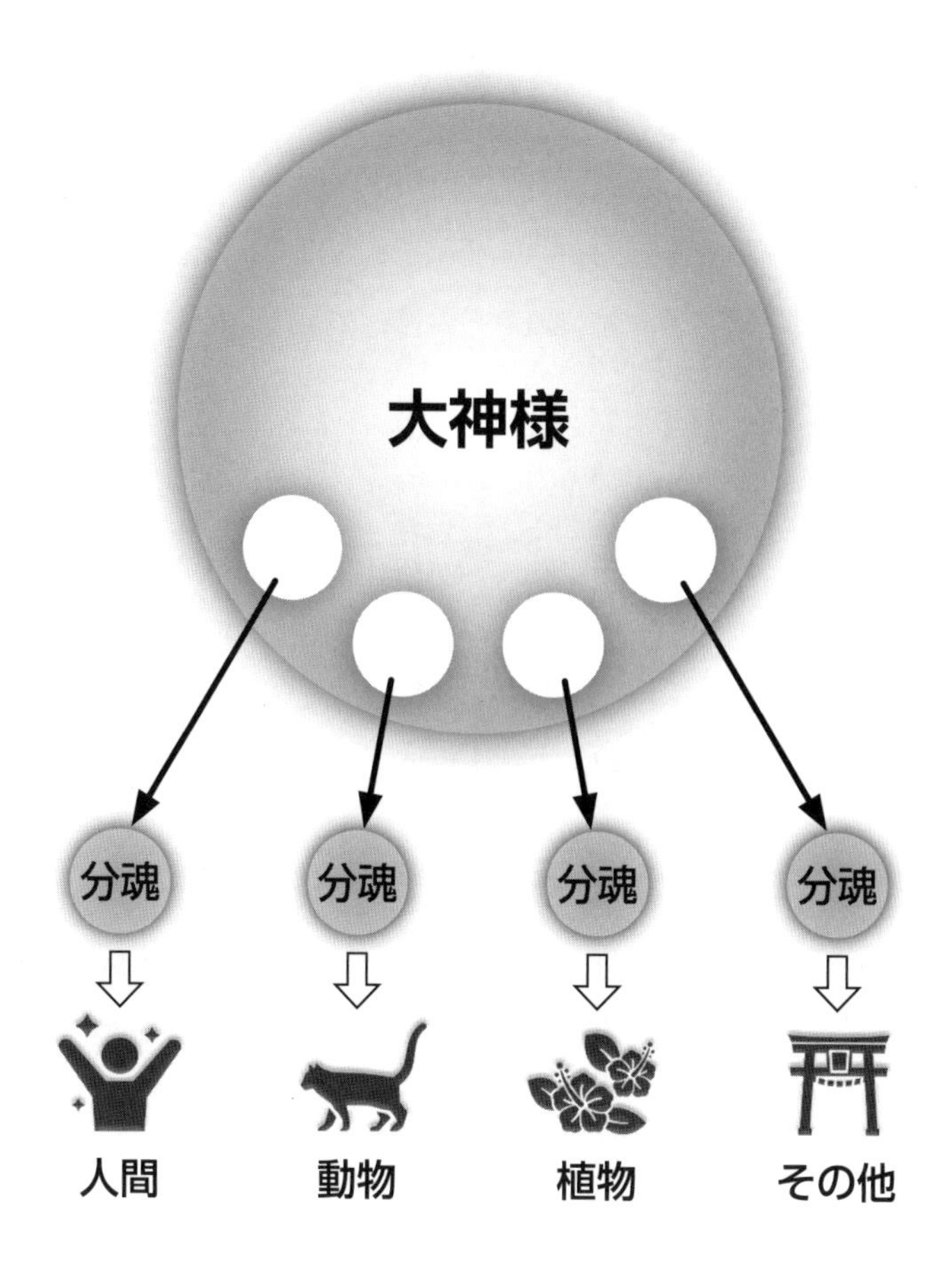
魂は大神様の一部
大神様
分魂
分魂
分魂
分魂
人間
動物
植物
その他

罪悪感を感じ続けるあなたに足りないのは、あなたの魂を信じることだけです。

お金に入れた陰の想いに気づき、お金のブロックを外そう

お金。おかね。オカネ。

安心して生活でき、趣味や余暇も楽しめ、資産運用や貯金もできるほどお金に余裕がある豊かな自分を、多くの人が望んでいます。多くの人が望んでいる、ということは、残念ながら多くの人がその状態にないことを示しています。

どうしてお金に余裕がある豊かな自分を望みながら、豊かとは思えない状態に身を置いているのでしょう?

正直に答えてください。

「あなたは、お金が好きですか?」

こう質問すると、ほとんどの人が「イエス」と答えてくれます。

紙幣や硬貨でできているお金という物質は、つくられたばかりの時は驚くほど何のエネルギーも入っていません。まっさらなんです。まっさらが故に、市場に出回ることで手にした人の『想いのエネルギー』が即、中に入っていきます。自分がお金が好きなのであれば、『好き』という陽の想いがお金の中に入り、『好き』が『好き』を引き寄せ、お金はどんどん増えるはずです。

なのに、なかなかお金は増えない、それどころかお金に困っていたりもします。そんな豊かではない状態は、自分の潜在意識に潜んでいる陰の想いをお金の中に入れている可能性が考えられます。

陰の想いをお金に入れていると、【お金のブロック】のエネルギーが働きます。そうすると、いつまでたってもお金に余裕がある豊かな自分にはなれず、お金に困り続けてしまいます。

そんな**【お金のブロック】を外すには、お金の中に入れている潜在意識の陰の想いを、陽の想いに変換する**ことです。

以下で紹介する【お金のブロック】は、私たちツインを頼ってきてくださる方々の中で実際にお持ちだったブロックです。それでも構わないと頑なにブロックを持ち続けた方を除き、最短で約1ヶ月後にはブロック外しに成功された方がたくさんいらっしゃいます。参考にしてくだされればと思います。

貧しく質素な生活は嫌なのに続けてしまう

【陰のエネルギー：清貧】

昭和世代の戦後を生き抜いてきた方に多く見られ、我慢の中でも胸を張って生きるため、貧しく質素な生活を清く正しいと自分に思い込ませています。

この陰のエネルギーである清貧は、「欲しいものを欲しいだけ得てよいと自分に許可をする」ことで、陽のエネルギーに変換されます。

いくら頑張っても稼げない

【陰のエネルギー：無能】

何でもそつなくこなす両親や兄弟姉妹と比較され、自分が無能である劣等感を抱えてしまったため、実力を発揮できないでいます。

この陰のエネルギーである無能は、「稼ぐ以前に小さなことができた！　という実体験を積み重ねる」ことで、陽のエネルギーに変換されます。

自由に使えるお金がない

【陰のエネルギー：監視】

両親や伴侶を上の立場、自分を下の立場にし、波風立つ事態を恐れ、自分の自由もお金も支配下にあることを良しとする選択をしています。

この陰のエネルギーである監視は、「溜まっていた怒りを両親や伴侶に爆発させる」ことで、陽のエネルギーに変換されます。

手持ちのお金が○○万円以下になると自分の価値がなくなる

【陰のエネルギー：無価値】

大好きな異性との交流での支払いで感じられる優越感が得られなくなるほど、手持ちのお金が一定額以下になると、無価値感を感じます。

この陰のエネルギーである無価値は、「お金の支払いが発生しない異性との交流」で、陽のエネルギーに変換されます。

人の借金の肩代わりばかりする

【陰のエネルギー：存在否定】

自分のお金を人に与える（過剰に人のお世話する）ことで、自分の存在を自分で認めようとしている『共依存』の状態です。

この陰のエネルギーである存在否定は、「人のお世話をやめ、ただ笑顔で生活するよう努める」だけで、陽のエネルギーに変換されます。

身を粉にして働いても生活するのがやっと

【陰のエネルギー：奴隷マインド】

『働かざる者、食うべからず』と両親から言われていた言葉をいつも繰り返し、自分の労働力でもらえる賃金は低い状態が当たり前だと信じていました。なので、選ぶ会社はブラックな中小企業ばかりでした。

この陰のエネルギーである奴隷マインドは、「自分の好きなことが予想以上の収入になる経験をする」ことで、陽のエネルギーに変換されます。

お金を得れば得るほど愛してもらえない

【陰のエネルギー：愛情欠乏】

共働きの両親、鍵っ子の一人っ子。小学生の頃から毎月お小遣いをたくさんもらい続け、引き換えに愛情がもらえない毎日を過ごしていました。

この陰のエネルギーである愛情欠乏は、「お金と両親の愛情を同時にもらえる写真や絵を毎日見る」ことで、陽のエネルギーに変換されます。

「できない」は、やりたいことを忘れさせる

地球には、何でもできる！　と思い込んでいる生きた存在がいます。「できない」という概念を持ち合わせていない存在が。

その生きた存在とは、**生まれたばかりの赤ちゃん**です。

信じられますか？　大人のように自由に体を動かすことも、自分の力で食べ物を口にすることも、地球の言葉を話すこともできないあの赤ちゃんが、です。

あの世の記憶だけでなく、胎内記憶や生まれたばかりの頃の記憶も持つ眞證によると、赤ちゃんの意識は皆、スーパーマンだそうです。

それぞれが魂のお役目を覚えていて、そのお役目を「これからできる！　何でもできる！」と自信に満ち溢れているのです。自分のやろうとしているお役目を、自慢げにテレパシーで飛ばし合ったりもします。もちろん眞證もそのひとりでした。

ところがそのテレパシーは赤ちゃん同士では通じ合えても、大人には通じません。イメージするものも目の前に形づくれないし、念力で物を動かすこともできません。それどころか、自分の体さえも思うように動かせない。不快を感じても、ただ泣くことしかできない。

生まれてから月日が経つにつれ、あまりにもできないことばかりに赤ちゃんはこう思い始めます。

「何でもできるはずなのに、おかしい」

そしてさらにできない経験が増えていくと、とうとうこんなふうに思い込んでしまいます。

「できると思っていたのは間違いだったんだ。できないのが当たり前なのに。できると思っていた自分はもう、信じられない」

生まれてから約6ヶ月、早い子だと生後3、4ヶ月で始まる人見知りは、できると思っていた自分に対する不信から起こる現象です。自分が信じられず、何を信じてよいかわからなくなってしまった不安から、慣れた養育者を求め、見知らぬ人を怖がるのです。

こうなってしまった赤ちゃんは、もう魂のお役目を忘れ、できない自分になってしまっています。

この時の「できない」は、かなり強い思いとして潜在意識に刻み込まれます。かつ養育者にも「できない子」と言われたり思われたりして育つと、さらに自分への不信が強くなります。

気持ちが苦しくなると「できない」と思い、行動を制限してしまう大人は、やりたいことを自ら忘れる選択をしています。赤ちゃんの時に潜在意識に確立してしまった自分への不信を、繰り返し強化し続けているにすぎないだけなのですね。

思い出してください。「何でもできる!」と思い込んでいた、この地球に生まれたばかりの頃を。それに今のあなたは自由に体を動かすことも、自分の力で食べ物を口にすることも、地球の言葉を話すことも、もうできているはずです。できるんです、本当は。

「できない」と思っても、「できる」と口にし続けてください。ほんの少しでも「できる」が心に染み込んでいく感覚になれたら、魂のお役目ができる自分を思い出していけますから。

まずはできる自分を信じることです。

良くも悪くも、運命は自分で変えるもの

『ツインソウルやツインレイは、出逢った瞬間に恋に落ちてしまうこともある、他の人とは違う何かを感じさせる運命の人』

インターネット等に出回っている、このような恋愛感情がメインのスピリチュアル系の情報は、できるなら今すぐ忘れてください。あなたの魂が望む人生の運命を、違う方向へと進ませかねないものです。

『命を運ぶ』と書く運命は、文字通り自分で人生の道を選択して生きていく、能動的な意味を示します。よって自分の魂のお役目がわかっている人は、運命はまさに自分で運んでいる納得感があります。

それがたとえ陰（悪い、嫌だと思う）の道だったとしても、学びやカルマ解消等のために自ら選んでいるという自負を感じています。たとえ、道ならぬ恋心であったとしてもです。

しかし、先述の相手がツインソウルやツインレイであることを求める恋愛感情には、運命を自分で運んでいる納得感や自負がほぼありません。頭に取り入れた情報が「やっと出逢えたのかも?」と、勘違いさせているだけ。

ですから、相手の言動や行動に振り回されつつも求めてしまう恋する気持ちを、自分でコントロールできなくなるのが常です。

ツインソウルやツインレイである相手とは、出逢った時から男女の恋愛に溺れている暇などありません。魂をひとつにし、お役目を果たすことだけに力を注ぐ日々を送る。そのためには、出逢いの時点ですでに魂のお役目をお互いが理解しているだけでなく、運命は自分で運んでいくことも腹に落としています。

運命とは別に、『命に宿る』宿命というものがあります。宿命は自分で変えることができません。この世に生まれる時に、魂が選択した変えられないものを示します。両親や血縁者、誕生日、生まれる場所・時代、男性か女性、備わっている体の機能等がそれにあたります。

運命も宿命も、生まれてくる前に魂が計画して決めてくるのですが、そのお話しはここでは一旦置いておきます。この後の【本当の自分を取り戻せる「あの世コラム」②この世の人生は、すべてあの世で計画したもの】でお話しさせていただきます。

さてここで、運命について大切なことをお話ししましょう。

たくさんの運命の道を計画してくるのは魂です。そのうえで、生まれた後どの道を選択するかは、自分の感情が決め手になってきます。感情は自分で感じることができる顕在意識と、感じにくい、もしくは感じられない潜在意識の中にたくさんあります。

現在の脳科学では、潜在意識には顕在意識の2万5千倍とも5万倍とも言われている広さやパワーがあるとされています。

この宇宙並みに広い潜在意識の中にある感情が、運命の道をほとんど決めていると言っても過言ではありません。もちろん顕在意識で感じる感情でもそれなりに決めてはいますが、潜在意識に比べたら指の上に置かれた砂の一粒のようなものです。

それほど不安にはならないのに、不幸な人生を歩んでいるとしたら、潜在意識の感情により不幸な運命の道を選択していると思われます。

現実に起きている不幸から自分が味わう感情を、一つひとつ言葉にしてみると、自

分の潜在意識には、どんな感情が潜んでいるのかがわかります。

その感情が陰の感情であれば、抱きしめ、癒すのです。この人ならと思う人にも抱きしめてもらうのです。いつしか喜びの陽の感情が潜在意識からふと湧いてくる時、幸せな運命を選択できている自分に気がつくでしょう。

愛されたければ、まずは自分をとことん愛せ！

それなりの年齢を重ねてきたのに、今なお湧いてくる誰かに愛されたいという強すぎる思いに、少々お疲れではありませんか？

誰かに愛されたいのに、求めても得られない虚しさに苛まれていませんか？

あなたのその、愛されたいという強すぎる思いは、結局誰にも愛されず、自分を孤独に追い込んでしまうことになると、1日も早く気がつかれたほうがよいと思います。

また愛されたいエネルギーは、相手のエネルギーを奪っても与えることはないため、あなたの大切な何かが奪われる現象として返ってもきます。

そんな不幸はあなたに似合いません。ちょっと立ち止まり、なぜそれほどまでに愛されたいと思うのか、胸に手を当て潜在意識によくよく聞いてみてほしいのです。

愛されたいと強く思う人に限って、潜在意識には孤独や強い寂しさが沈んでいます。

そのエネルギーはあまりにも強いものですから、愛されたいと強く思えば思うほど、無意識に孤独や強い寂しさを叶えてしまいます。

潜在意識の中の孤独や寂しさは、幼い頃に親に十分愛してもらえなかった思いからつくられた、陰の感情です。特に女性は幼い頃に親に十分愛してもらえないと、子育ての際、自身の愛情不足から孤独や寂しさの陰を感じる機会に多く出会います。

自分が愛されたいのに、我が子を愛さなければいけない。そんな葛藤に耐えられなくなり、怒りが爆発します。

「私は愛されなかったのに、なぜあなた（我が子）を愛さなければいけないの⁉」と。

この怒りは、近しいパートナーに対しても同様に出てきます。

母親が我が子に愛情を注げるのは、母親になる前の段階で十分愛され、自分は愛されるに値する存在だと信じているからこそ、できるもの。我が子だけでなく、パートナーやまわりの人と良好な人間関係を築けるのは、自分への信頼があることで人も信頼できると確信しているからです。

だからこそ**愛されたければ、まずは自分をとことん愛することから始めていけばよいのです。**

ただし自分を愛すると言っても、愛された実感がない、もしくは薄いと、どうやって自分を愛すればよいかわかりませんよね。

そう、自分を愛するとは、半分は**「自分の中の嫌な自分（陰の感情）はあっていい！と、認めてあげる」**こと。

そしてもう半分は、**「自分の中の嫌な自分を話しても、受け入れてくれる仲間を持つ」**こと。

この2つを継続して実行していくことで、あなたは徐々に自分を愛することができるようになっていきます。

自分を愛していくと、同時に自分を信じることもできるようになっていきます。

自分を信じると、まわりの人にも信じるエネルギーが放たれますから、あなたを信じ、愛してくれる人を引き寄せることにも繋がります。

すべては、自分を愛する自信から発せられるエネルギーで、愛されるかどうかが決まってくるのです。

孤独や寂しさだけでなく、潜在意識の中の陰の感情は、多くは親と関わったことでつくり上げた、自分と親との共同作業のたまもの。その陰の感情をいくら否定したとしても、自分の中の一部として存在しているのは事実です。

受け入れやすい陽の感情だけ良しとせず、陰の感情も自分であると認めることこそ、真に自分を愛することです。そしてその認める作業は、自分だけでなく自分と仲間の共同作業で進めていくことが大切です。

だから……、愛されたければ、まずは自分をとことん愛そう！

この世の人生は、すべてあの世で計画したもの

「人生って思い通りにいかないものね」と思っているそこのあなた。その思い、半分正解で半分不正解です。

人生は、頭であれこれ考えたり望んだりして動いても、思い通りにいかないこともあれば、突拍子もないことも起こります。だから、半分正解。

けれど魂から見たこの世の人生は、生まれてくる前に何千、何万通りもの道筋をすべてあの世で計画してきているものです。だから、半分不正解です。

どの魂も皆この世に生まれてくる前、生まれ変わりの世界というあの世で、次の生の内容を計画してきます。

それもひとつの内容だけでなく、変えられない『宿命』と、何千、何万通りもの道筋である『運命』を計画してきます。人間も、動物も、植物も、魂が入って

いる生命体は皆そうです。

地球に生まれてくる人間の魂が計画する主な人生の内容は、最たるはカルマを落とす道筋と、魂のお役目を果たす道筋です。

どこの国の、どの時代の、どの両親のもとに生まれ、どんな環境で育ち、どうやってカルマを落とし、どうやって魂のお役目を果たすか。とにかくひたすら考えては計画します。

その内容の中には、カルマを落とさない道筋も、魂のお役目を果たさない道筋も失敗の道筋としてあります。

また人生は自分ひとりで計画するのではなく、関係が深い何人かのソウルメイトの魂と一緒に計画します。今世の自分の人生で関わっている、もしくは関わってきた人たちは皆、あの世で一緒に人生を計画してきたソウルメイトなのです。

カルマを落とすのも、魂のお役目を果たすのも、誰かと関わってこそできるもの。逆にカルマをつけるのも、魂のお役目を果たさないのも、誰かと関わってこそできるものです。人生のベースは人（魂）と関わるよう、決められているんです。

ソウルメイトの魂たちと一生懸命考え計画したあなたの人生は、地球でいう紙に書き、計画書として提出するとイメージしてください。提出先はあの世にある市役所の窓口です。

計画書を受け取った市役所の職員は、奥に居られる上司＝神様にお渡ししに行きます。職員から渡されたあなたの計画書は、神様に隅から隅までチェックされます。

内容が神様に認められハンコをもらえれば、あなたは無事に次の生へと生まれ変わることができます。

けれども内容がちぐはぐだったり、不備があったりするとそのまま返却され、神様から認められるまで何度も練り直すことになります。


魂にとって一番の幸せは、辛さや苦しみを超えてカルマを落とし、学びを経ながら魂のお役目を果たす一生を今世で送ることです。目の前の嫌な陰の現象から逃げることではありません。逃げることは、魂からしたら不幸せ以外のなにものでもないからです。

計画してきた内容には、カルマをつける道筋も、魂のお役目を果たさない道筋もあります。

でも私たちツインは、あなたに幸せな道筋を選択してほしい。幸せにしかなってほしくないと思っています。

あなたがこの世に人として存在しているということは、今の人生は神様に認められてハンコをもらえた人生です。

自信を持ちましょう。あなたは神様に選ばれた、自らを幸せにできる自分の人生のプロデューサーなのですよ。

第③章

「自分以外の人生」を捨てれば、願望が次々と叶う

「自分以外の人生」を捨てるとは、忘れていた自分の喜びに気づくこと

自分の人生は、自分以外のなにものでもありません。なぜならこの世に生まれてくる前に、魂は自分の人生をすべて決めてきたのですから。

その決めてきた人生の中に自分以外の人生もかなり盛り込み、いずれは捨てなければいけないことを魂は知っています。あなたの心や頭がわかっていなくても、魂は知っています。

今が幸せならいいんです。自分以外の人生が、自分の人生の中に盛り込まれているなんて知らなくても。

でも**生きづらさや不幸せを感じているのなら、今の生き方は自分以外の人生である可能性を考えたほうがよい**かと思います。

忘れていた自分の喜びに気づき、願望を叶えていくためにも。

この地球で人間として生きていくには、身近な誰かの、多くは両親や家族の生き方を無意識に真似ることから始まります。食事の仕方も、感情表現の方法も、話し方も、行動も、価値観も、すべて誰かの真似をしてできるようになっていきます。

こんな実例があります。不慮のアクシデントで家族から離れてしまった人間の幼児が野生の狼や猿に育てられ、数年後に発見されました。

発見当初、彼らは狼や猿とそっくりの生活スタイルや感情表現を身につけていて、全員人間の言葉は話せませんでした。野生の中で本能のみを発達させたので、生きづらさや不幸せは感じないようになっていた反面、自分のことを狼や猿だと思い込んでいたとのこと。

これは地球の人間は身近な誰かを、たとえそれが動物だったとしても無意識に真似なければ生きていけないことの証明になっています。

身近な相手が人間の大人であった場合、本能だけではない人間特有の様々な感情や価値観も真似ては、自分のものにしていきます。子どもの頃に身につけたこの人間としての生き方は、自分独自でつくり上げた人生の一部だと思い込んでしまう部分があります。

感じている生きづらさや不幸せは、もともとは自分のものではないのに、自分の人生だと思い込んでいるから捨てるなんて考えもしない。

だから気づく必要があるのです。今の生き方が本当に自分独自でつくり上げた人生なのか、はたまた自分以外の人生なのかを。

自分以外の人生に気づくと、魂がなぜ自分以外の人生を自分の人生に盛り込んできたのかが、だんだんとわかってきます。そして**自分以外の人生を捨てていくと、今まで忘れていた本当の自分の喜びが感じられ、解放できるようになってきます。**解放された喜びのエネルギーは願望実現の力を持っていますから、喜びが次々と叶っていくことになります。

ただ自分以外の人生は意外に潜在意識に強く根を張っていますので、すぐには捨てられないのが常です。自分の人生だと思い込んできたものを捨てるなんて、自分自身をいらないと否定するようなものですから。

ここで必要なのは、**今までのように生きづらさや不幸せを感じたまま、自分以外の人生を生きていたいかどうかを心底自分に問う**ことです。魂が望む幸せな人生を本当に手に入れたいのなら、自ずと答えは出るはずです。何度も自分に問いかけてあげてください。

自分以外の人生でも、生きやすさや幸せを感じるものはそのまま持ち、生きづらさや不幸せを感じるものは捨てていきましょう。心からの感謝を込めて。

「親の生き方」にサヨナラした時から、願いは叶い出す

あなたが持っている自分以外の人生で、最も影響力のあるものは**『親の生き方』**です。食事の仕方も、感情表現の方法も、話し方も、行動も、価値観も、人間としての生き方の多くを親から取り込みます。取り込んだ時点で、その生き方は自分の生き方だと信じてやまない、自分の生き方になります。

自分の生き方としてしまった**『親の生き方』のうち、陰の感情表現や価値観、思考癖が多ければ多いほど、人生はうまくいかなくなります。**

「またやってしまった」

うまくいかなかった時、こんな後悔の念を抱くのが、陰の『親の生き方』を自分の人生として取り込んでしまっている人の特徴です。

これは自分が過去世から持ってきたカルマに繋がっている場合もありますが、ここではもう少し違う観点から見ていくことにしましょう。


何度も後悔の念を抱きながら、それでも『親の生き方』を自分の人生として捨てられないのには理由があります。

それはすべての子どもに当てはまる想い**「大好きな親に幸せになってもらいたい」**から。その傍ら、大好きな親に愛されたいと、心底望んでいるからです。

子どもの親を想う「大好き」は、大人の頭では考えられないくらい大きく深く、そして純粋です。これは子どもの魂のエネルギーです。魂は、大好きな親に自分より先に幸せになってもらいたいと強く想い、うまくいかない陰の『親の生き方』を取り込み、共に生きようとします。

「お父さん（お母さん）はひとりじゃないよ。私も一緒に苦しむよ」

親の陰の感情表現や価値観、思考癖を共有し、苦しみを和らげてあげようとするのですね。

また大好きな親に愛されたいと強く望む心から、親の言うことを聞けば愛されると思うようになります。親の言うことを聞くことは、『親の生き方』を取り入れることと同じ。

頭では親の陰の感情表現や価値観、思考癖は嫌だと思っていたとしても、潜在意識では親に愛されたいと望んでいます。ですから愛されるためなら、そんな生き方でさえも潜在意識は喜んで取り入れてしまいます。


魂も心も、親が大好き！

ただ一途な子どもの頃の想いが『親の生き方』を取り込み、うまくいかない現在の自分の人生をつくっているかもと気づきかけているなら、もうそろそろ、その自分以外の人生を捨てる時にきていると思います。

あなたの言動、感情表現、思考癖を書けるだけ書き出してください。何日も何日も時間をかけて。それがもとは誰のものであったのか、大抵は親のものであったと認めたくないけどわかってしまったら、思いきってサヨナラしましょう。

「お父さん（お母さん）、今まで私と一緒に生きてくれてありがとう。これからは、私は私として生きていきます。大好きです。さようなら」

大丈夫。大好きな親にサヨナラしても、親を大好きだという想いだけは、ちゃんとあなたの中にあります。そんな自分を優しく受け止めていけば、本当の自分の願いがこれから叶っていきます。だって本当の自分の人生を、やっとこれから生きていけるのですから！

子どもをコントロールするのに忙しい、自分を捨てた親たち

「お願い、もうあたしを思い通りにしようとしないで」

ある日のこと、買い物中の母親のカートに黙って乗っている子どもに目をやった時、こんな心の声が聞こえてきました。

大人しそうな見た目とは裏腹の心のエネルギーを感じ、胸が詰まったことを今でも覚えています。私たちツインも幼い頃、同じような思いを父親や母親にたくさん抱い

たことがあったからです。

この地球に住んでいる生き物は、ほとんどが自分の子どもをこの世につくり出し、育てあげます。もちろん、人間も然り。

しかし人間の親たちは、文明の発達と共に子どものありのままを認められなくなり、自分の思い通りにコントロールするようになりました。

・自分（親）が幸せだと思うように生きて
・自分（親）と同じように生きて
・自分が叶えられなかったことを代わりに
・世間体に合わせて
・自慢の息子・娘にしたい

というように、自分の思いをそのまま子どもの人生にするべく、育てるようになってしまったのです。

自分の子どもをコントロールしながら育てている親たちは、とにかく口を出し、手をかけ、子どもの行動も思いも制限したがります。

親の思いと違うことを子どもが言おうものなら、頭ごなしに怒ることも少なくありません。毎日毎日「この子のためにやっている」とコントロールしながらも、真っ当な愛情をかけていると思っている親さえいます。

そんな親に、子どもたちは心の奥でこう思っています。

「お願い、もうあたし（ぼく）を思い通りにしようとしないで」

そして、こうも思っています。

「自分の人生を生きて」

自分のことも親のことも大切にしたい子どもは、口には出さない思いを抱いています。

もう大人になってしまったあなたの中にも、親に対して思っていたことがあるのではありませんか？

「○○はやめてほしかった」
「○○をしてほしかった」

そして、

「自分の人生をもっと生きてほしかった」

と。

子どものありのままを認められず、自分を愛することも自分自身が幸せになることも忘れ、子どもをコントロールすることに忙しい親たち。

もしあなたがそんな親になってしまっていたとしたら、一度子どもの目線に合わせて腰を下ろし、子どもと向き合ってみてください。その時、子どもを何もわからない子どもと見ずに、ひとりの人間として向き合ってあげてください。

今まで子どもをコントロールしていたことに、子どもが気づかせてくれます。

子どもと親はあの世で決めてきた、この世で一番最初に出逢う深い繋がりのソウルメイト。親子だからこそ、子どもの純真な心に触れれば、その奥にある魂が持ってきた『自分も相手も大切にするエネルギー』を思い出せます。

今からでも、全然遅くはないと思いますよ。

自分を置き去りにする「嫁」の人生はもう、おしまい！

自分を大事にすること。それは何をどうすることだと思いますか？

温泉でリフレッシュすることですか？

好きな映画やライブを観に行くことですか？

美味しいものを食べることですか？

確かにどれもとても楽しそうで、心が満たされますね。

が、第1章の【本当の自分を取り戻したければ、目先の快楽を追い求めるな】でもお話ししたように、これらは儀楽にあたります。

満たされてもその時だけで、普段の生活に戻ればまた愚痴や不満等のストレスが溜まっていきます。よってこれらの儀楽は、本当の意味で自分を大事にすることではありません。

自分を大事にすることとは、本当の自分を取り戻し、内側から湧き出る魂の悦びのエネルギーを感じながら、魂のお役目を全うして生きることです。本当の自分の喜びを素直に表現し、それが人のためにも役立つ生き方をすることです。

未だ日本の女性の多くは結婚して家族ができると、家族のために自分を置き去りにする「嫁」の人生を歩むのが普通になっています。専業主婦であろうと、共働きであろうと、家事や子育ては女性の無休で無給の仕事であるという価値観が、社会に根づいています。

加えて社会が核家族化していると言えども、夫の実家に帰省すれば「嫁」として気を使い、心を休めることは到底難しいのも現状です。

本来家は素(す)の自分を出し、心も体も休め、明日へのエネルギーを蓄える場所です。なのに、日本の女性の多くは、家族のために自分を置き去りにする「嫁」の人生を、家で送らなければなりません。

毎日がそんな「嫁」の生活ですから、本当の意味で自分を大事にすることが何なのか、多くの女性がわからなくなっているのは当然です。

「嫁」という字をよく見てください。「家」に自分を捧げる「女」と書きますよね。

誰がこのような漢字をつくったのでしょう。家に自分を捧げ、自分を置き去りにするために、女性は人間として地球に生まれてくるのではないのに。

ただ「嫁」の生活をしていても、女性は心の奥底で自分を大事にしたいと思い続けています。自分を大事にすることは「魂のお役目を思い出して全うする」ことであるという魂のエネルギーを、心で無意識に強く感じているからです。

女性が魂のエネルギーを心で無意識に強く感じているのは、命を宿し、この世に生み出せる体の機能が備わっているところからきています。大神様の分魂を生み出した原初の記憶を体の機能にシンクロさせ、魂から自然に受け取っているのですね。

現実的に命を生み出せなかったとしても、女性である時点でそれは同じ。魂のエネルギーを心で無意識に感じているからこそ、あなたは本書を手に取られたのではないでしょうか。


長い間あなたは自分を置き去りにし、家族のために「嫁」の人生を精一杯やってきました。今こそ心のままに、魂のままに、本当の自分を取り戻す道へと進む時です。

「そんなワガママが許されるのかしら?」

もしそう思うのであれば、**「嫁」の人生で満足できているかどうかを、自分の心に問いかけてあげてほしい**と思います。

魂は、我がまま＝我のままの存在です。本当の意味で自分を大事にすることができれば、愛する家族もだんだんとあなたを応援してくれるようになります。

ご主人がそこについてくるかどうかは、蓋を開けてのお楽しみということにしておいてください（笑）。

まわりのエネルギーに合わせ、本当の自分を消していませんか？

あなたがまだ10代の女子だった頃、例えば友達とショッピングに出かけた時、だいたいこのような会話をした記憶があるかと思います。

A「ねぇねぇ、この服かわいくない？」

B・C「ホントだ〜かわいいね！」

あなた「うん、かわいい、かわいい！」

友達の誰かの思いには、まわりもあなたも賛同するのが暗黙の了解的な女子の関係。若かりし頃の慈敬もあなたと同じく、まわりの友達に合わせていたことが多々ありました。

その時の自分が本当に言いたかったことは、

「そんなにかわいいかなぁ」

だってまわりがソレを好きであっても、自分はそこまでソレを好きだとは思えなかったからです。

でも本当の自分の思いを口にすることで、仲間外れにされてしまうかもしれない恐れから、本当の自分を消してまわりに合わせていました。そんな自分も、誰かが違う反応を示したらその人を仲間外れにする女子の関係も、当時はとても嫌だと思っていました。

この3次元世界のグループや学校、会社では、同じ色に染まらない人は異質と見られ、いじめや差別・排除の対象になります。人間は嫌われることを恐れる生き物ですから、なんとかまわりに馴染もうと、自分を消してまわりに合わせる努力をします。

「魂は皆違うのが当たり前」の観点からすると、異質という見方こそが変。それぞれの魂が違うのですから、好きなものも、得意なことも、価値観も、違って当たり前です。よって、それぞれの人が出す素粒子も違うのが当たり前です。

4次元以上の世界では、それぞれが違うことを認め合っていますから、異質の概念も、いじめも差別も排除も存在しません。そういう意味では、地球はとても生きにくい場所です。

まわりの素粒子に合わせ、本当の自分を消してしまう生き方を続けると、自分の魂を否定することになるので、苦しみがとれなくなります。

魂から出る素粒子は、いつだって自分を信じ肯定して発せられるもの。それを嫌われたくないからと、自分の素粒子を透明な宝箱に入れ、下に置いてしまうのです。

そのうえまわりに合わせるために、まわりの素粒子を自分の体のまわり全体に自分の意思でくっつけてしまう。こうなると自分が消えてしまったように感じ、苦しい思いにかられるというわけです。

まわりの人生を、あなたが生きるのではありません。あなたがあなた自身の人生を

自分を消してまわりに合わせてしまうと…

自分が消えてしまう

生きる。それが本当に幸せになれる生き方です。

まわりの人を押さえつけてまで自分本位になるのは違いますが、思いのつまった素粒子は、透明な宝箱から出してあげましょう。

あの時出せなかった本当の思いを口にすることができれば、それは肯定された『魂の想い』となり、あなたの魂を活性化させていきます。

あなたは、あなた。まわりは、まわりです。

心に敏感な人は、他人の人生を取り込みやすい

自分にとって関係のない人の思い・感情や事柄には興味を示さない。つまり、自分が興味を示さない素粒子には反応しないのが、地球の人間の普通とされています。

人間の心の一部である顕在意識は、情報処理能力が限られているため、外界の素粒子を自分の意思の力で選択しているのです。

ところが、**幼い頃から親や他人に気を使って生きてきた人は、自分にとって関係の**

ない人の思い・感情や事柄にまで反応してしまいます。

その反応して取り入れた素粒子を、顕在意識を通り越し潜在意識に無意識に入れていき、自分でも気づかない間に、取り込んでしまった他人の人生を歩んでしまっているという、悲劇が起こることになります。

【共感】と【同調】の違いをご存知でしょうか。

【共感】とは、相手の思いや感情をそのとおりだと実感し、自分の思いや感情と共有することで、シンパシーとも呼ばれます。

対して【同調】とは、相手の思いや感情に合わせすぎて、相手の感情や思いが自分の思いや感情になってしまうことを指します。

心に敏感な人は、後者の【同調】を無意識に行います。相手に合わせすぎることで、相手の感情や思いである素粒子を自分の潜在意識に取り込み、自分のものとします。

そうすることで相手からの攻撃を塞ぎ、自分を守っているのです。これは、人間は自分と似た、もしくは同じ人には安心する生き物であることを本能的に示す、一種の護身術なのです。

護身術とは別で、特定の相手の素粒子を潜在意識に取り込み、その相手になってしまう人がいます。

自分のコンプレックスや劣等感が苦しすぎて、そこから逃げたいと強く思い、『同一化』を図ろうとするのです。

これは心が壊れないようにするための防衛機制のひとつで、最初は憧れの先輩や上司、芸能人のファッションや仕草の真似をします。その観察力と取り込み力はハンパなく、ほどなくしてすべてを取り込み、憧れの相手になってしまいます。

憧れの相手ではなく、大切だと思う相手の価値観や思いのすべてを取り込む人もいます。外側ではなく内側のものを取り込みますので、見た目は以前のその人と変わりません。

しかし言動に注意していると、その人が大切だと思う相手の価値観や思いをそっくりそのまま、口にしていることに気がつきます。大切だと思う相手になってしまうことで、自分も大切に思われたい心理を満たそうとしているのですね。

幼い頃から親や他人に気を使って生きてきた心に敏感な人は、心に何かしらの『ダ

メな自分』を抱えています。その『ダメな自分』が本当の自分だという思い込みから、他人の素粒子である人生を無意識に取り込みやすくしています。

『ダメな自分』が出てきたら、何度も疑ってください。

「この自分は本当に自分がつくった自分なのか？」と。

『ダメな自分』が自分でつくったものではないと気づいた時が、今まで取り込んできた他人の人生とお別れする時でもあります。

思い切ってお別れした後に感じられる【0（ゼロ）ベース感覚】（何もない感覚）こそ、本当の自分の始まり。意外にも心地良い、その自分を信じられる感覚は、一生の宝物と本当の人生の羅針盤になります。

1日も早く何もないあなたになって、本当の自分の人生を始められますように！

メディアのネガティブな報道が、陰の人生へと洗脳する

毎日ご飯を食べるかのように飛び込んでくる、メディアのネガティブな報道。テレビからも、スマホからも、ニュースのトップはほとんどネガティブなものであることに気づいていなかったとしたら、あなたはすでに、陰の人生へと洗脳されているかもしれません。

洗脳されるもののイメージを問うと、2人に1人は「宗教」と口にされます。宗教には教祖様がつくった戒律があり、その戒律が人間としてのまともな思考をなくし、自分をなくす洗脳をする、と思われているからなのですが。

すべての宗教には洗脳されるだの、怪しいだの、敬遠される風潮があること自体、メディアの洗脳だと思っています。

私たちツインにとって、宗教が良いとか悪いとかの判断は問題外です。なぜなら古来より日本に存在する神道や仏教も宗教だからです。

多くの人は神道や仏教を否定するどころか、お正月には初詣に行き、家族が亡くなればお葬式をし、お墓参りも普通にします。普通にするのは家族がするからだけでしょうか。

メディアの報道を思い出してください。お正月やお盆の風景を積極的に放映していますよね。神社仏閣の開運番組なども然り。お葬式などはコマーシャルにもなっています。

これらは陰の報道ではありませんが、神道や仏教は良いものであると、メディアが日本人をすでに洗脳している状態です。もし神道や仏教が悪いものだとメディアが流し続ければ、初詣もお葬祭もお墓参りも、特に若い世代からやめる人が増えてくるでしょう。

目や耳から飛び込んでくる繰り返し報道される情報は、自分が意識しない間に潜在意識に取り込んでしまいます。

日本のメディアは陰の情報を多く流しますから、何も考えずにテレビやスマホを見ていると、潜在意識に陰のエネルギーを溜めることになります。

その陰のエネルギーは「悪い未来が実現される」内容です。かつ「悪い未来が実現

陰の報道に洗脳されるしくみ

⇩

気がついたら陰の人生へ

される」陰の内容を報道しておいて、良き未来にするための報道はあまりしないのも、日本のメディアの特徴です。

例えば犯罪が起きても、起きた事実を流すのみ。犯罪を起こしてしまう心と魂のしくみから改善していく方法もあるのに、そこには一切触れないのです。

ですから多くの人の潜在意識には、「悪い未来が実現される」陰のエネルギーがたくさん溜まっています。

自分の人生を創る（選択する）力がある潜在意識に陰のエネルギーがたくさん溜まっているのですから、気がついたら陰の人生を歩んでしまっていることになるのですね。

日本のメディアは、たくさんの視聴者に報道を見てもらわなければ、お金をたくさん得ることはできません。お金をたくさん得るには、人間の心理を利用するのです。人の不幸を見ることで「私のほうがまだ幸せだわ」と思いたがる心理を。

しかし人の不幸をたくさん見れば見るほど、潜在意識には陰のエネルギーがたくさん溜まっていきますから、結果的に不幸になってしまいます。

不幸へと洗脳されれば人は物や薬などの安心を買い求めますから、スポンサーが儲かることになります。不幸をお金に変えるこの流れは、世の中に陰のエネルギーが入ったお金が流通するので、世の中自体も不幸になっていきます。

自分をしっかりと持ちましょう。**取り入れる情報を厳選して。あえて陰の情報を取り入れるのなら、どうすれば真に幸せになれるのかを同時に考え実践していきましょう。**

洗脳はあなたの隣にいつもあります。見る情報の裏の意味を常に考え、洗脳されない強い自分になれるとよいですね。

自分を大切にすることを忘れた日本人

『体育座り』、『前へならえ』、『ラジオ体操』。

これらは日本で育った人であれば誰もが知っている、日本の小学校で習う集団行動です。私たちツインも日本で育った生粋の日本人ですので、小学校で教えてもらったこれらの行動を何の疑いもなく実践していました。

ところが外国を知る日本のお客様に今の仕事で関わり始めてから、これらの集団行動は日本独特のものであるとお聞きするようになりました。現在外国にお住まいの方や、外国で暮らしていて日本に帰国された方は、口を揃えて次の衝撃の事実をお話ししてくださいました。

「外国ではあり得ない教育ですよ」

「なぜ皆で同じ動きをする必要があるの？　と、外国人の友達に不思議がられます」

「日本の教育は奴隷をつくる教育か、と国際結婚した主人に聞かれたことがあります」

言われてみれば、日本のこれらの集団行動は個性を消し、奴隷に育て上げる教育に見えますね。個の意思を尊重する外国人からすると、あり得ない義務教育だと思うのも当然だなと。

なのに井の中の蛙状態だと、自分たちが奴隷になるなんて考えもしないまま、個の意思を消された大人になるのだと、実感した次第です。

奴隷をつくる日本の義務教育は、こんな教育も取り入れています。

1＋1＝◯

8－2＝◯

ご存知のとおり、これは算数でよく出される初歩の計算式です。◯の答えを書くのですが、何か疑問を持ちませんか？

「どこが？」と思われた時点で、あなたの脳はすでに奴隷化しています。

諸外国では、次の計算式がよく出されます。

◯＋◯＝2

◯－◯＝6

同じ◯の答えを書きますが、日本と違い◯の答えは無限にあります。整数だけでなく、小数点や分数等、下の数字になるのなら何でも書いてよいのです。

小学1年生が小数点や分数なんてと思うかもしれませんが、この計算式の目的は、個の意思を尊重し自由な発想を促すためのものなので、なかには小数点や分数を書く学びの早い子どももいるでしょう。

他の教科でも日本はひとつの答えを求められるのに対し、諸外国では複数の答えを自由に表現できるシステムとなっているそうです。

個の意思を尊重されて育った子どもは、自分に自信を持った大人に成長します。自由な発想を促されて育った子どもは、問題解決能力の高い大人に成長します。

どちらも日本のほとんどの大人には、自分も含めほぼ欠けているものであると、お気づきになるかと思います。

自分が自分の意思を表現するとは、どういうことなのか。命令されたことはやれるけれど、自由に発想しろと言われても何も浮かばない。この状態が奴隷教育の賜物です。自分を大切にすることを忘れるよう、魂のお役目から外れるよう、もう義務教育から叩き込まれているということです。

余談ですが、日本の各局のテレビ局がその時々に流すメディア報道は、メインの内容はすべて同じです。これも外国ではあり得ないことだそうです。同じ方向に意識を向けさせる奴隷をつくる教育は、メディア報道にも現れているのですね。

そんな叩き込まれた**奴隷教育から脱するには、自分の意思を表現できるコミュニティに参加する**ことです。そこではお互いを認め合い、どんな意見も言い合える風潮がつくられていることが望ましいです。

最初はできないかもしれませんが、自分を大切にし、本当の自分を取り戻したい意志が強ければ、変わっていけます。

自分を表現し、自由な発想を分かち合い、魂のお役目を果たしていく。私たちツインがつくる場所では、そんな人たちをたくさん育て、たくさん見てきました。

だからもう、奴隷である自分は今ここで捨ててしまいましょう。

自分以外の人生は、生まれた時から始まっている

この世に生まれてくる前、生まれ変わりの世界というあの世で、魂は次の自分の生を計画してくると、あの世コラム②でお話ししました。

その自分の生は、自分以外の人生を生きることから始まります……と言われても、にわかに信じられないかもしれませんね。

あの世で自分の人生を計画してくるはずなのに、この世に生まれた時から自分以外の人生を生きるなんて、矛盾していますから。

けれど、生まれ変わりの世界である『中間世（ちゅうかんせ）』記憶を持つ眞證や一部の子どもたちは、この矛盾を理解しています。

ここでは、生まれた時から自分以外の人生を生きる意味をお話ししていきましょう。

次の生を計画した計画書が無事に神様に認められた魂は、『中間世』に降りてきます。ここはもうすぐ生まれ変わる魂が集まってくる場所。たくさんの魂が大きなモニターを見つめ、自分の両親になってくれる人を探しています。

やっとのことで見つけると、最終確認も兼ねて神様にこう言います。

「あの人のところに生まれ変わってもいいですか？」

神様の承諾をもらった瞬間、長い長い滑り台を滑り、自分の母親になってくれる人のお腹に宿ります。両親になってくれる父親か母親に渡す【ギフト】を持って。

【ギフト】とは、父親か母親が持っているカルマを自ら落としてもらうための大きなヒントです。

人を愛することを忘れた親には、人を愛せるヒントを。

自分の意見を素直に言えない親には、自分の意見を素直に言えるヒントを。

存在の受容を拒否する親には、存在の受容ができるヒントを。

他にも様々な【ギフト】がありますが、どれも父親か母親のカルマに見合ったものを持ってきます。

なかには血縁の両親ではない養育者に【ギフト】を持ってくる、両親とは疎遠の道を選ぶ魂もいます。祖父母、親戚、養父母、養護施設の指導員等々が、それに当たります。

持ってきた【ギフト】は、赤ちゃん時代から自分の人生を差し置き、とにかく渡そうと努力します。両親や養育者に自分より先に幸せになってもらうために、自分の人生を犠牲にして働きかけ続けます。

これが『自分以外の人生は、生まれた時から始まっている』ということです。


しかしながら多くの両親や養育者は、我が子が自分のカルマを落としてくれる【ギフト】を持ってきているなど、気づきもしません。子どもの言うことだから、子どもがすることだからと、軽くあしらうのが常です。

そうして何十年も受け取らないまま、死を迎える両親や養育者がほとんど。【ギフト】の行き場を失った魂は、結局自分の人生を生きられないまま、その生を終える羽目になってしまいます。【ギフト】を渡さないと、自分の人生を生きられない計画をしてきているからです。

ここで知っておいてほしいことは、『渡す』と『受け取ってもらう』とは違うということです。

持ってきた【ギフト】を渡す最善の努力をしても、受け取ってもらうまで執着していてはいけません。受け取る・受け取らないは、両親や養育者の意思を尊重する部分に当たります。

なので自分が持ってきた【ギフト】の中身を知り、渡す努力をし尽くしたと思えるほど頑張ったら、あとは相手に任せるしかないのです。

自分以外の人生は、生まれた時から始まっていますが、悔いが残らないほど頑張って渡したら、自分の人生を生き始めてください。たとえ受け取ってもらえなかったとしても、自分の人生を生き始める日もあの世で決めてきています。

その日が、本書を手に取った今日でありますように。

第④章

「エゴ」をコントロールすれば、随所で「神様」が助けてくれる

「エゴ」をコントロールするとは、人生を導いてくれる「神様」と繋がること

「エゴ」。エゴとはエゴイズムの略で、自分の快楽や利益・主張のみを重視し、自分以外の人を軽視する、身勝手な考えのことを指します。

あなたのまわりにもいませんか？　自分さえ良ければいいとか、自分は人より優れていると思っているエゴ満載な人が。そんな人はエネルギーバンパイヤのように周囲のエネルギーを吸い取りますから、近づかないほうが無難！　と大抵の人は考えます。

私たちツインも近づきません。ただそれは、エネルギーを吸い取られないようにするためではなく、自分たちのエゴをコントロールするためです。

地球という、下の次元から数えたほうが断然早い3次元の世界に住む人間の心には、必ず「エゴ」が存在しています。聖母マリア様のような大きな優しさに満ちている人でも、心のどこかにエゴを持っています。

そのエゴは、これまた人間が誰しも持つ「承認欲求」にくっついていて、時に承認

欲求が叶えられないと出てくる「不快感」を感じると発動します。

「どうしてわかってくれないの⁉」

パートナーや親兄弟など、近しい人との喧嘩でよく飛び出すこの台詞。実際に言葉で相手にぶつけたり、心の中で思ったりしたことがある人も多いはずです。

自分のことをわかって認めてほしい承認欲求の裏には、《自分が正しい》というエゴが働いています。

喧嘩がヒートアップしてくると、双方の承認欲求とその裏の《自分が正しい》エゴがぶつかり合い、お互いの主張で終わってしまいます。時間が経てば大抵は仲直りしますが、自分の承認欲求で発動する裏のエゴを理解していないと、また同じことを繰り返す羽目になります。


自分の快楽や利益のみを重視する人も、承認欲求が叶わない悲しい自分を守るために裏のエゴを肥大化させ、鎧にしているのかもしれません。自分のエゴを理解しようとしないまま、エゴ自体にコントロールされてしまっていては、本末転倒です。本当の自分の人生を生きるどころではありませんね。

地球に住むすべての人間には、エゴが存在しています。神様はそのように人間を創造されました。

叶わない承認欲求を守るべくエゴを発動させるのではなく、エゴを沈めてコントロールできる魂に成長させるために。それが地球の人間の真実の姿なのです。

まずは、この真実を受け入れること。

そして、自分の中に存在するエゴをしっかり理解すること。

最後に、エゴを沈めてコントロールできるようになること。

自分のエゴを理解すると、エゴが発動する瞬間を感じられるようになります。発端は承認欲求であり、その承認欲求はパターン化した出来事で顔を出すこともわかってくるようになります。

どちらも自分の心の中の問題であったと、本当の自分を知る作業から理解していった先に、本当の自分を知ることは、自分の中の魂を知ることだと気づくでしょう。

魂は、この世を創造された大神様から分かれてきた『分魂』。いつでもあなたと繋がり、あなたが幸せになれるよう助けたいと願っています。

あなたの中の神様と繋がり、神様の想いを感じてください。あなたの望む、本当の自分を取り戻して幸せに生きたい人生は、神様であるあなたの分魂の望む人生でもあります。だからこそ自分のエゴを理解し、コントロールできる人間に成長していきましょう。

「エゴ」をコントロールするとは、人生を導いてくれるあなたの中に息づく、神様の分魂と繋がることです。

自分「だけ」の自己顕示欲モンスターは、身を滅ぼす

地球に住む人間は、体という物質で個々に分けられています。エネルギー体である魂のように、溶け合うことはできません。どれだけ頑張っても、密着するだけに留まるのが体です。

そんな『個』で分けられた状態で生きることは、もともと大神様とひとつであった（融合していた）魂の記憶と異なります。

完全にひとつになることができない人間の体。相手が何を考えているのかもわからない。この現実から人は、「誰にも関心を持ってもらえなくなるかもしれない」孤独という恐れを、心の潜在意識に持つようになりました。

そしてこの孤独という恐れは、幼い頃関心を持ってもらえなくなった誰かにより、強化されていきます。

「誰にも関心を持ってもらえなくなるかもしれない」孤独という恐れは、自分の価値も存在さえもないと感じさせます。そうなってくると、生きることが非常に辛くなる。この危機的状況を回避するために、心は自己顕示欲を生み出したのです。

ここで言う自己顕示欲とは、自分「だけ」を強調して周囲の注目を浴びたい次のような欲求のことです。

- 注目されたい!
- チヤホヤされたい!
- もっと自分を他人にアピールしたい!
- もっと構ってほしい!

通称【自己顕示欲モンスター】と化した人たちは、とにかく優越感を得るための動きにエネルギーを注ぎます。

他の人の気持ちなどお構いなしに、自分の気持ちだけを満たそうとするので、関わりたくないと思う人も出てくるでしょう。それもそのはず、**自分だけ優越感を得たい自己顕示欲は、「誰にも関心を持ってもらえなくなるかもしれない」孤独という恐れを回避するための欲求です。**

つまり、自己顕示欲で動けば動くほど、「誰にも関心を持ってもらえなくなるかもしれない」孤独を叶えてしまうことになるわけです。

ただ具合のよろしくないことに、潜在意識にある自分の孤独への恐れを認識できていない人がほとんどです。かつ、自分の潜在意識に大きく居座る陰陽の思いや感情を実現する潜在意識の力も知らず、優越感のみを追い求め続けます。

そして優越感が得られなければ、人を責めたり恨んだりし、行きすぎると身を滅ぼすことにもなってしまいます。ＳＮＳや動画等で自分自身のことを簡単に発信できるようになった近頃、この自己顕示欲モンスターがずいぶん増えたように感じます。

「もしかしたら、たくさん発信している私も自己顕示欲モンスター？」と思ってしまった、そこのあなた。自己顕示欲モンスターであるかどうかは、次のことを自分の心に聞いてみてください。

いいね！の数を、とにかくたくさん欲しがっているかどうか。

たくさん欲しがれば欲しがっている分だけ、自己顕示欲モンスター化していると思ってください。

しかしあなたの自己顕示欲モンスター化は、「誰にも関心を持ってもらえなくなるかもしれない」潜在意識の孤独への恐れの裏返し。孤独への恐れは、「たったひとりの人にそばにいてほしいと願う、潜在意識に住む幼い自分」から発せられています。

幼い頃から願っていた、たったひとりの人。それは誰ですか？

もともとあなたの魂とひとつであった大神様は、その人を思い出し、自分「だけ」の孤独から脱していくことを望まれています。

自分の価値観をエゴで押しつけず、相手の価値観を取り入れると幸せになれる

私たちツインは、例えるならばタオのシンボルのような2人です。白と黒（陰陽）の勾玉が互い違いにかたどられているこのタオのシンボルは、2人の性質の違いを表しています。

ほぼ正反対の性質を携えた私たちは、相手の価値観を取り入れられない間は喧嘩が絶えませんでした。それではいけないと、相手の価値観を取り入れ始めたら、今世で魂のお役目に必要なものを2人で創造していけるようになりました。

まだセッションだけを提供していた頃、今までの自分をこのようにお話ししてくれた方がいらっしゃいました。

「自分と合う人は身内のように心を寄せて、何でも話し合って助け合います。けれど自分と合わない人とは離れたり、距離をとるようにしています」

眞證は穏やかな口調で尋ねました。

「そのような行動をとるのは、◯◯さんの中に、どんな思いや感覚があるからなのですか？」

その方はしばらく考え、こう返してくださいました。

「自分を守りたいのかも……」

この方がとっていた2つの行動は、一見自分の価値観を押しつけていないように見えます。が、行動を促している潜在意識にはこんな価値観が潜んでいて、本人的に自覚のないまま私たちに押しつけているエゴを感じました。

〈自分と合わない人は、自分を傷つける危険人物。だから遠ざけて自分を守るのが安全〉

過去に自分と合わないと感じる人との間でよほど傷ついた経験をされ、無意識に押しつけるほど強い価値観を持ってしまったのでしょう。

現代の日本では「そういう価値観もあるよね」と、自分とは違う価値観を理解しようとする風潮はあります。ただそれは、本当の意味で相手を受け入れることには繋がりません。自分は自分、相手は相手と壁をつくり、頑なに自分を守っているにすぎないのです。

本当の自分を思い出したければ、合わない相手との間に壁をつくったり、距離を置くことを一度やめてみる勇気が求められます。

素粒子の観点から見ると、違うエネルギーは合わないため反発し合います。今のままでいたい人はこの素粒子の法則に沿っていれば良いと思います。ですが、**本当の自分を取り戻し幸せに生きたい人は、合わない人の価値観を自分のものとして行動することが必要**になってきます。

この世はすべて素粒子でできています。もちろん、人の価値観も素粒子でできています。合わないと感じるのは、お互いが違う価値観の素粒子を持っているから。この**合わないと感じる感覚が、自分がなにか下がってしまう感覚だったら離れたほうがよい**です。

下がるより、**「なにか自分とは違う」という合わない感覚の場合、そこには本当の自分を思い出すためのパーツが隠れています。**魂のお役目を思い出すためのパーツですね。ですから、あえて合わないと感じる人の価値観を取り入れてみるのです。

合わない価値観の素粒子を受け入れる

新しい世界が目の前に広がる瞬間がやってくる!

最初は違和感ありまくりだと思います。今の自分にはない価値観ですから、当然です。それでも自分のものとし行動していくことで、新しい世界が目の前に広がる瞬間がやってきます。

その新しい世界は遥か昔、あなたが魂のお役目をやっていた幸せな頃の世界かもしれませんよ。

見えるものがすべてなら、神社もお寺も存在しない

資本主義時代に突入してからというもの、日本では目に見えるものに重きを置く人がずいぶん増えました。

特にブランド物や高級車を買い、都心のタワーマンションに住み、高級ホテルのディナーに舌鼓を打つ等々、目に見える高価なものを手に入れることを切望し、現実にその暮らしを手にした方もいらっしゃるかと思います。

そんな目に見えるハイスペックなものに心を奪われた人たちの中から、見えるものの

だけを信じるという物質主義者が現れました。

私たちツインが感じるに、物質主義者は、日本の人口の約30パーセントを占めているのではないかと。彼らの多くは、頭ごなしに宗教やスピリチュアル等、目に見えないものを否定するのが特徴です。

さて、『宗教』と聞くと、真っ先にどんなイメージを思い浮かべるでしょうか。怪しい団体？　騙される？

いやいや、よく考えてください。あなたが初詣や厄祓いに行く神社は、神道の宗教施設です。お葬式や法要等でお経をあげてもらうお坊さんがいるお寺は、仏教の宗教施設です。どちらも目に見えない存在である神様や仏様に、当然のように手を合わせます。物質主義者でさえもです。

ここで思うのは、見えるものがすべてだと豪語する物質主義者が、なぜ神社とお寺では目に見えない存在に手を合わせるのかという矛盾です。神様の本体は見えないし、仏像という形はあっても手を合わせるのはその奥の見えない仏様の存在です。

もし見えるものがすべてなのであれば、初詣にも行かないし、お葬式もしない。宗教やスピリチュアルだけでなく、神道や仏教も否定するのが正当なのでは？　と思うのです。

この矛盾には、メディアが大きく関わっています。『宗教』で思い浮かべる怪しい、騙される等の陰のイメージは、メディアの影響です。「神社にはご利益を求めに行きなさい」「お寺ではお経を読んでもらいなさい」などのテレビ放映に対し、神社やお寺以外の宗教は、怪しい、騙されるなど、ネガティブな報道として現在は流されています。昔放映されていた、霊関係、スピリチュアル関係の番組もほぼなくなってしまいました。

メディアの偏った見せ方で、神社とお寺以外の目に見えないものに携わる宗教やスピリチュアルは怪しい、騙されると刷り込まれました。この事実から見ると、物質主義者の矛盾は納得できますよね。

昔も今も、日本には神社やお寺が存在しています。国名が変わらず、ひとつの国として二千年以上も続いてきた世界最古の王朝、日本。この日本に住む日本人の魂は、見えない神様、仏様との繋がりが本来とても強いのです。

神社やお寺にお参りした時、自分のお願いを言うのではなく、手を合わせて神様、仏様の願いにそっと耳を傾けてみましょう。

あなたの魂に肉体を持たない神様、仏様が、代わりにしてほしいことを伝えてくれるはず。そのしてほしいことこそ、あなたの魂が求める本当の幸せです。

最初はわからなくても大丈夫。神様、仏様とあなたの魂が繋がる神社やお寺は、ずっとあなたのそばに存在しています。時々お参りして、神様、仏様、そしてあなたの魂を感じながら手を合わせてください。

「執着」は、神様の嫌う独裁を生み出す

何かに囚われることを意味する『執着』は、周囲をないがしろにしながら最終的に独裁へと変わっていく、心の陰のひとつにあたります。

よく聞きませんか？　お金に執着するあまり、周囲の意見を無視して儲けに走り、最終的に誰かの恨みを買って落ちてしまった人の話を。これはお金という「物」に執

着し、独裁へと走ってしまったが故の結末です。

独裁は、絶対的な力を持って自分の思い通りに他を支配することです。人間のエゴが究極化したこの独裁を、神様はとても嫌います。

独裁による行為では、再生しない破壊や後退を生み出しても、創造や成長は生み出さないからです。その出発点が執着であることを、執着している人たちは気づこうとしません。とても悲しいことです。

執着には、主に次の2つがあります。

・人に対する執着
・物に対する執着

どちらも潜在意識に沈んでいる、ある大きな陰から逃げようとする弱い自分から生み出されています。

ある大きな陰とは、**【孤独への恐れ】**です。

おや、どこかで読んだ記憶がありますね。そう、先述した自己顕示欲です。自己顕示欲も孤独への恐れから生み出されました。孤独への恐れは、魂が『個』という体で分けられてしまったがために持つ、人間の宿命なのかもしれません。

だからこそ自分の潜在意識に沈んでいる陰に向き合い、知ってほしいのです。なぜ執着してしまうのか、自分の中に孤独への恐れがあることを理解してほしいのです。その恐れは、人間に生まれると決めてきた自分の魂の選択です。受け入れてしまえば、本当の自分をひとつ知ったことになりますから魂が喜び、またひとつ幸せの人生へと進めるのです。

ここであなたが何かに執着しているかどうか、ちょっと確認してみましょう。

次の【執着チェックリスト】の10個の設問に、「はい」か「いいえ」で答えてください

【執着チェックリスト】

「はい」か「いいえ」で答えてください

1. その人がそばにいない、もしくはその物がないと落ち着かない
2. その人が去る、もしくはその物を無くすと心が保てない
3. 自分だけのものにしたいと思う

4. 自分よりその人を優先してしまう
5. その人やその物を中心に、イライラしたり喜んだりする
6. 他のことはどうでもよくなる
7. その人や物の存在がなくなると、自分に価値がなくなってしまうように感じる
8. その人の考えを無意識に自分のものとしてしまう
9. その人のすべてを知りたいと思う
10. その人や物あっての自分だと、なんとなく思っている

・「はい」が8個以上あったら、あなたはその人や物に執着している可能性が高いです。
・4個～7個であれば、どこかで執着が芽生えるような、少し寂しがり屋さんなのかもしれません。
・3個以下は、その時の出来事での感情の揺れによるものですので、何かに執着していることはないでしょう。

いかがでしたでしょうか。「はい」が8個以上あったら、自分の中にある孤独への恐れを見ないフリをしている可能性大です。そのままでいると、神様の嫌う再生しない破壊や後退の独裁へと走ってしまうかもしれません。

神様の嫌う独裁は、不幸になることを示します。徐々にでよいので、自分の孤独への恐れを認め、執着の外側にいる温かな人の心に目を向けてみてください。求める幸せのきっかけがきっと見つかるはずです。

人生の転落を招く「慢心」は、今すぐ捨てよう

ある日のお昼時。特番で放映されていた刑事ドラマのワンシーンを見て、言いようのない嫌な気持ちになったことがあります。

それは罪を犯したにもかかわらず、証拠不十分で不起訴となった容疑者の、ニヤリと浮かべる【慢心の笑み】。他人をあなどり、自分を高くするその心は、まるで悪魔のような顔つきでした。

人間の心には、陰と陽の思考や感情が存在しています。その中でも**慢心は悪魔レベルの陰にあたり、自分以外の人の気持ちや行動、存在を踏みにじっては満足するエゴのエネルギーを放ちます。**

放たれた慢心のエネルギーは、周囲の人からの恨みとなって自分に返ってきます。しかし、それがこの世の『たらいの法則』とは認めない慢心を放った本人は、恨みに輪をかけた逆恨みの行動をし始めます。

言葉で攻撃をしかけたり、嫌がらせ行為に走ったり。行き着く先は人生の転落。最悪、命を落とすことにもなりかねないでしょう。そうして魂が肉体を離れていく時、やっと気づくのです。「すべては悪魔と化した自分の慢心が引き起こしたのだ」と。

『慢』には、「他人をあなどる」や「高ぶる」という意味があります。他人をあなどるということは、他人より高い所に自分の心を位置付けている状態です。自分は上で、自分以外の人は下。無意識にそう思っているのです。

そんな『慢』が心にある慢心は、「自惚(うぬぼ)れた心」を意味します。字のとおり、誰よりも自分に惚れているのですから、他人がちっぽけな存在に見えて仕方がありません。

他人がちっぽけな存在に見える時点で、この世を創造された神様とは繋がらないことを表しています。

そうなると、神様からの創造エネルギーが入ってこなくなりますから、魂は本当の幸せを創造する力を発揮できず、転落していく。つまり、不幸になってしまいます。逆恨みなんてしている場合ではありませんよね。

慢心という陰は、誰の心にも存在しています。大抵の人は自分が慢心のエネルギーを放ち始めた時、『良心』という陽が働いて自分を止めてくれます。止めてくれるのは、自分のまわりにいる誰かが止めてくれた経験をしているからです。

しかし1990年代後半から普及し始めたSNSにより、リアルでの交流は顔を隠した交流へと変化していきました。

その結果、顔を突き合わせ陰を止めてくれる人との時間が減り、現在は人間の慢心が攻撃色を強めて暴走しているように思います。

今すぐ、外に放たれる慢心は捨ててください。人生の転落を招きます。あなたがあなた自身の中に存在する慢心を自覚し、慢心を止めてくれる人とのリアルな交流をしてください。

会うことが難しければ、電話でも構いません。これが神様と繋がって幸せになるため、良心を働かせて慢心を止める一番良い方法です。

自分のインナーチャイルドの本当の願いを理解することで、本当の人生の道が開かれる

エゴの多くは、【孤独への恐れ】を回避するために人間の心が生み出しました。この孤独への恐れを人間の心の面から見てみると、インナーチャイルドが切望する本当の願いが絡んでいる場合があります。

心に住む『内なる子ども』を表すインナーチャイルド。現在の日本では、心の中の『傷ついた子ども』を指す場合がほとんどです。

そして心の中の『傷ついた子ども』であるインナーチャイルドは、胸が痛く熱くなるほど切望する願いを持っています。その願いは、幼い頃に叶わなかった本当の願い。大人から見ればとても小さな願いかもしれませんが、神様から見ると宇宙に匹敵する

ほど大きなエネルギーが込められています。

子どもはとても純粋な存在です。幼ければ幼いほど増す純粋なエネルギーは、大人の心を和らげたり、魅了します。

外出した先で時々出逢う2~3歳の幼児たち。エネルギーが見える眞證の目には、真っ白な綿あめが動いているように映るそうです。想像するだけで、自然に微笑んでしまいますよね。

そんな純粋な子どもだからこそ、純粋で大きなエネルギーが込められた願いを持ちます。

「自分のことを見てほしい」

「思いを聞いてほしい」

「信じてほしい」

「そばにいてほしい」

「抱きしめてほしい」

「よしよししてほしい」

「受け入れてほしい」

「愛してほしい」

この純粋な願いは、神様が人類に告げる意思と同じです。

「あなたのことを見ている」

「あなたの思いを聞いている」

「あなたを信じている」

「あなたのそばにいる」

「あなたを抱きしめている」

「あなたをよしよししている」

「あなたを受け入れている」

「あなたを愛している」

子どもは神様と繋がりながら、親やまわりの大人の魂に、神様の意思を示せるかどうかを問いかけているのです。本当の人生の道を開く神様とあなたも繋がっていてほしいという、思いを込めて。

けれど、大人自身が神様の意思を忘れていたり、拒否していると、子どもの本当の願いを否定、または無視してしまいます。

願いが届かなかった子どもの心は傷を負い、潜在意識の奥に沈めて忘れようとします。こうして『傷ついた子ども』であるインナーチャイルドが、心の中につくられていくのです。

この忘れてしまった子どもの頃の本当の願いは、頭では認識できないまま、潜在意識の奥で生き続けます。大人になっても生き続けます。

本当の人生の道を開く神様と繋がる願いですから、神様からの分魂が自分の中にあるかぎり、なくなるわけがありません。

だから、思い出してほしいのです。幼い頃に叶わなかった、それでもまだ願い続けている本当の願いを。思い出して理解してあげれば、喜ぶ魂のエネルギーが強く神様と繋がり、本当の人生の道が開かれていきます。

とても小さいけれど、神様と繋がる宇宙に匹敵するほど大きな本当の願いが思い出される時を、心から願っています。

支配・束縛のトップダウンから、個を認め合うフラットな関係へ

この世を創造された大神様と、もともとひとつになって存在していた、この世のすべての魂。その魂は、地球の人間を含めた宇宙中の見えるもの、見えないものすべてに入っています。

大神様にも魂にも、何が凄くて何が劣っていてとか、誰が上で誰が下とかの概念はありません。すべてがすべてを認め合い、自然に力を合わせては幸せを創造できる、フラットな共生関係を築き合えています。

なのに地球では、文明の始まりとともに、支配・束縛のトップダウンの構造がつくられ、支配者は長きにわたり君臨してきました。文明はエゴを大きくさせ、代わりに地球の波動を下げてしまったのです。

トップに君臨する者にはお金が集まり、お金の力で大きくなった権力が下に位置する民衆を思い通りに動かす。現在でもこのトップダウンの構造で、地球の社会が成り

立ってしまっています。

支配・束縛は、自分だけを良しとする人間のエゴが進化した形です。多くの人をまとめてひとつにする、統率・統制とは違います。自分以外の人間を下に位置づけているため、意見や要望を聞こうとしません。自分以外の人間は、自分の思い通りに動かすコマでしかないのです。

今、地球の波動が下がってしまったことにより生まれた支配・束縛のトップダウンの構造に、変化のメスが入り始めています。

2020年はまさに、支配・束縛のトップダウンから個を認め合うフラットな関係に移行していく、変化のエネルギーが大きくなった年！

新型コロナの大流行がそれを示しています。この新型コロナを皮切りに、2020年から向こう約10年間で、さらなる変化が次々と現実になっていくと思われます。

私たちツインは預言者でも占い師でもないので、当たる、外れるの観点で見るのではなく、自分の感覚を信じてもらえると嬉しく思います。というのも、すでに大きな変化を感じている方が、あなたを含めどんどん増えているからです。

支配・束縛のトップダウンと、個を認め合うフラットな関係

支配・束縛のトップダウン

⇩

トップダウンの時代からフラットな関係の時代へ

「これまでの支配・束縛のトップダウンのまま進むと、地球も人類もヤバいんじゃないか?」

そんな危機感を感じる現象が目に見えて起きているのは、神様が人間の魂に呼びかけているからです。大神様と、もともとひとつであった時の魂の記憶を、呼び覚まそうとしているのです。

すべては皆が幸せに生きるため。近しい人とも、ちょっと遠い人とも心と魂を通じ合わせ、皆が求める幸せを創造していくため。人間であるが故にエゴが出そうな場合、または意見がまとまらない時は、統制・統率が必要ですが、そこに支配・束縛は必要ありません。そんなトップダウンの時代は、終わりを告げようとしています。

感覚を研ぎ澄ませ、地球にまで意識を広げ、この変化の時だからこそ自分にできることを思い巡らせてみましょう。できることに大きい、小さいは関係ありませんから、自由に思い巡らせてください。そこには自分と同じ思いを抱く仲間もいるはずです。

自分もまわりも幸せになる、あなたにしかできないこと。仲間とその力を合わせ、遥か昔の個を認め合うフラットな関係を築けていた、波動の高かった地球へと戻していきましょう。

死後の修行！　あの世へ続く真っ白な世界の道をひたすら歩く

仏教では四十九日、神道では五十日。この日数は、この世の生を終えた魂が肉体を離れ、生まれ変わりの世界であるあの世へ行くまでの期間とされています。

しかし残念ながら、すべての魂がこの期間であの世へと行けるわけではありません。あの世へ行くためには、死んでからある一定の修行を終えなければいけないからです。

ある一定の修行とは、【あの世へ続く真っ白な道をひたすら歩く】こと。

滝行や断食に比べたらずいぶん簡単な修行？　な訳ないです！　これがまた、あの世に辿り着く直前までは、気が狂いそうになるくらい辛いんです。

死を迎えると、まるで上から何かに引っ張られるように、肉体から魂が離れます。離れた直後はまだその辺を漂っていますが、1週間くらいで徐々にさらなる上へと引っ張られていきます。

引っ張られた先は、あの世へと続く真っ白な世界の入り口。その入り口で灯籠のようなものをスポッと頭にかぶせられ、生前の自分の行いのすべてを中から見させられます。

やり残したこと、忘れていたこと、関わった人たちの知らなかった本心、間違った行い、等々。すべて自分がやってきたと納得してもらうための、あの世からの強制視聴です。

すべてを見させられると灯籠のようなものは外され、真っ白な世界の道を自然に歩いていくことになります。目の前には、数えきれない人が整列した軍隊の行進のように歩いています。ちなみに皆、強制視聴を終えた魂なのですが、生前の記憶が人間の姿となって見えるようです。

行進はとてもゆっくりです。後ろを振り向くことは許されず、誰かと話すこともできず、ただ前へと歩き続けなければいけません。何もない真っ白な世界の道を、ひたすらです。

途中で生前の自分の行いを否定したり、恨みを抱いたり、また行進の順番を抜かしたりすると、あっという間にスタート地点に落とされます。そして再度灯篭をかぶせられ、再度生前の自分の行いをすべて見させられた後、最初から歩くことになります。

この真っ白な世界の修行には、神様の2つの意図が込められています。ひとつは、生前の自分の行いは、すべて自分がしてきたことだと認めきること。もうひとつは、人間だった時の想念を落とし、『無』になることです。

これらをクリアーするまで、何度もスタート地点に落とされてはひたすら歩く、ということを繰り返さなければいけません。

何もない真っ白な、見えない道を無言でひたすら歩くこの修行は、生前人間として刺激の中で生きてきた魂にとっては気が狂うほど辛いのです。そういう意味では、四十九日や五十日で終えられる魂はエリートなのかもしれませんよ。

こうして修行を終えた魂は、吸い込まれるように生まれ変わりであるあの世へと入ることができます。次に生まれ変わっていくためにあの世でやることは、あの世コラム②でお話しした通りです。

こうして見てみると、生前に魂のお役目を果たし、思い残すことなく死を迎えられれば、死後の修行を早く終えられるように思いませんか？　死後の修行を早く終えるために魂のお役目を果たすのは違いますが、生前も死後も、納得して進める自分でありたいものですね。

第⑤章

「過去への囚われとカルマ」を越えれば、潜在能力が開花する

「過去への囚われとカルマ」を超えるとは、自分の中の「誰もが認める能力」をよみがえらせること

あなたの魂は本来、誰もが認める存在です。その魂の持つ能力が余すところなく発揮されれば、誰もが認めてくれるようになります。認めざるを得なくなるのです。それが魂の力ですから。

誰もが認める魂の能力は、誰もが持っています。なのに、ほとんどの人が自分にはないと思っています。

これは赤ちゃんの頃、自分に対する不信から魂のお役目を忘れてしまったことに加え、あることが関係しています。あることとは、自分の「過去への囚われとカルマ」に気づこうとしない、自分自身です。

自分の生き方は、今まで経験してきた自分の過去をベースにつくっています。出来事に対する見方も感じ方も、判断する基準も、過去の経験がもとになっています。

過去の経験から『幸せになってはいけない自分』を心の中につくり上げていると、

幸せを無意識に避ける人生を歩みます。これが、過去への囚われです。

また人間は、どうしても繰り返してしまう嫌な自分や、なぜか不幸になる苦しみの行動を繰り返してしまうものです。これらの根源を辿っていくと、大抵は魂が今世に持ってきている負のカルマに行き着きます。

ここで言うカルマとは、自分でやってきた許されない行為、悪行等の賞罰が負のエネルギーとなって魂にくっついているものを指します。そのカルマを今世で解消（相殺）していくには、相応の苦しみを乗り越えなければなりません。

人生にお困りの方と数えきれないほど接するこの仕事をしていると、カルマをつくる瞬間を見させていただくことがたまにあります。その多くは自分の心を守ろうとするがため、自分を幸せへと導いてくれる人にさえ抱いてしまう、『恨み』です。

私たちツインは訪れてきてくださった方の魂を見、その方が最短ルートで幸せになれる方法をお伝えしています。ただその方法は、ラクが好きな頭を持つ人間にとっては嫌だと思う方法であることも多いので、すぐに受け入れられなかったりもします。

この時点で「でもやってみる」という方と、「嫌だからやらない」という方に分かれます。カルマをつくる瞬間を見させていただくのは、「嫌だからやらない」という方の中でも、ほんの一部の方のみです。

「嫌だからやらない」というほんの一部の方は、最短ルートで幸せになれる方法をお伝えすると、こう言って恨みのエネルギーを返してこられます。

「今まで十分やってきたのに、まだやれと言うの!?」

「そんな嫌なこと、一生やらない!」

過去に囚われ、心が疲れきっているからこその反応です。が、そんな自分を受け入れてくれないと思い込んでつくる恨みこそ、カルマになってしまいます。カルマは過去世のものだけはありません。こうして現世でも気づかないままにつくり、魂にくっつけていくのです。

この自分の「過去への囚われとカルマ」に気づかない限り、魂が持つ「誰もが認める能力」は、眠ったままです。

自分の心が過去の何に囚われているのか。

自分を想ってくれているのに受け入れてくれないと思い込み、相手を逆恨みしていないか。

逆恨みするのは一体何の賞罰なのか。

自分の「誰もが認める能力」をよみがえらせるには、辛くとも自分の心と魂に意識を向け、知っていく必要があります。

はっきり言って、ラクに慣れた現代の日本人には逃げたくなる作業です。それでも本当の自分を取り戻し、自分の「誰もが認める能力」をよみがえらせたいなら、心を強く持ち諦めず、行動してほしいと思います。

昔の性格と変わっていれば、潜在能力はすでに開花している

潜在能力は、言い換えれば魂が持つ特別な能力です。その能力はそれぞれ違えども、皆何かしら持っているとお伝えしました。しかし大抵の人は、地球に生まれ落ちてから自分の潜在能力を忘れ、凡人として（思い込んで）生を終えます。

慈敬もそのうちのひとり、だと思っていました……中学生になるまでは。

引っ込み思案で、人前で話すことが苦手で、おまけに悪い未来ばかり想像しては不安になっていた小学生までの慈敬。眞證のような生まれた時から潜在能力が開花している人を見ても、雲の上の人間にしか感じていませんでした。

ところがです。中学生になり、初めて出逢う同い年の人間が増えた環境になったことで、いきなり人前で話せる自分に変わったのです。変わろうと思って変わったわけではなく「何かが弾けた」、そんな感覚が自分の中でありました。もう、自分でもビックリ！

それからというもの、たまに昔の引っ込み思案な自分が顔を出すことはあっても、基本おしゃべり好きな慈敬がそこに居続けました。それもただのおしゃべり好きではなく、ちゃんと人の話も聴いては癒し、自分の中に浮かび上がってくるアドバイスまでしていました。

今思うと、この時からもう現在の仕事で発揮している潜在能力を使っていたのかもしれません。頭が忘れてしまっていても、慈敬の魂は潜在能力を開花させるタイミングを見計らっていたのですね。

このように、**人は何かのタイミングで昔と今の性格が変わる場合があります。**性格が変わった人の心の奥を見ていくと、『本当の自分を出したい』魂の強い思いがあることがわかります。

それまでの自分は、親の意向に沿って偽りの自分をつくり上げた過去への囚われとカルマにより、本当の自分を出せなかっただけなのです。

カルマにより本当の自分が出せない人は、苦しみや辛さを伴うカルマ解消の動きをしなければなりません。

ところが、親の意向に沿って偽りの自分をつくり上げた過去への囚われで本当の自分が出せない人は、ふとしたタイミングで偽りの殻が弾けたりします。

例えば、

・昔は子どもが苦手だったのに、今は子どもが大好きで保育士として働いている
・昔は感想文も書けなかったのに、今は作家になって何冊も本を出版している
・昔は口下手だったのに、今はアナウンサーとして活躍している
・昔は畑にいることも嫌だったのに、今は農業で生計を立てている

などなど、**「昔の偽りの自分と今の本当の自分は、正反対の場合が多い」**というの

が特徴です。

人は、意外に本当の自分を知らないものです。**昔の自分の性格が親の意向に沿ってつくり上げられた偽りのものでも、それが本当の自分の性格だと思い込んでいる人のなんと多いことか。**

そういう意味では、なんら変化のない昔の性格のまま生きてきたのであれば、その性格を疑ってみるのもよいかもしれませんね。自分の心の奥にある魂が応えてくれるよう、強く強く願って。

反省は能力を肯定する。自責は能力を否定する

自分がしてきた行動や発言等を省み、間違いや良くなかったことがあれば改善を心がける。これが『反省』です。

生まれる前にあの世で魂が計画してくる何千、何万通りもの人生の中には、間違いや失敗の道もあります。間違いや失敗を、何をどうすればよかったのかと反省して次

に活かすことは、魂が持つ特別な能力である潜在能力を肯定することと同じです。
その肯定感は魂を喜ばせ、喜んだ魂は潜在能力を発揮して、魂のお役目に必要なパーツを拾おうと努力します。

魂のお役目に必要なパーツを拾うと、必然的に魂レベルが上がります。つまりいつかは還(かえ)る大神様のもとに、ほんの少し近づくことになるのですね。

この『反省』に対し、**間違いや失敗をした自分を責め、悲観的になったり、くよくよ考えることが『自責』です。**必要以上に自分の心を痛めつけることもありますので、『自分攻撃』と表現してもよいでしょう。

間違いや失敗は本来、魂のお役目に必要なパーツを拾うプラスの経験のひとつです。ですが、いつの頃からか広まった間違いや失敗は悪だという価値観から、間違いや失敗をする人間は悪い人間だと思う人が増えてしまいました。

ここで生まれたのが、自責と他責です。自分を責めすぎて耐えられなくなった行為が他責ですから、他責をしている人は自責をしているとも言えます。自分を責めて潜在能力を否定し、マイナスの素粒子で心をいっぱいにする。そうなると魂の光が見えなくなり、ますます潜在能力が発揮できなくなってしまいます。

潜在能力を発揮していけるかどうかは、間違いや失敗を客観的に省みる頭の力と、心の状態がポイントになってきます。

自責をする人は、とかく「自分はダメだ」と潜在的に思っているため、どうしても自分の能力を否定する心の状態になってしまいます。行きすぎると、自分の魂自体まで否定することもあります。

もしあなたが、一生懸命力を発揮しようとしているのに、誰かから執拗に否定されたらどんな気持ちになるでしょうか？　悲しく苦しい気持ちになりますよね。もともと持っている力を出しきれるかどうかも、危ぶまれてきます。

魂も同じです。例外として、カルマを落とす過程で自責が必要な場合はありますが、基本自責は一瞬で終え、反省に時間をとるよう心がけましょう。その際、感情は横に置いておき、間違いや失敗という事実のみを頭で客観的に省みるようにしてくださいね。

魂の、潜在能力をいつも発揮したがっている声を感じてあげてください。

潜在能力に影響する『反省』と『自責』

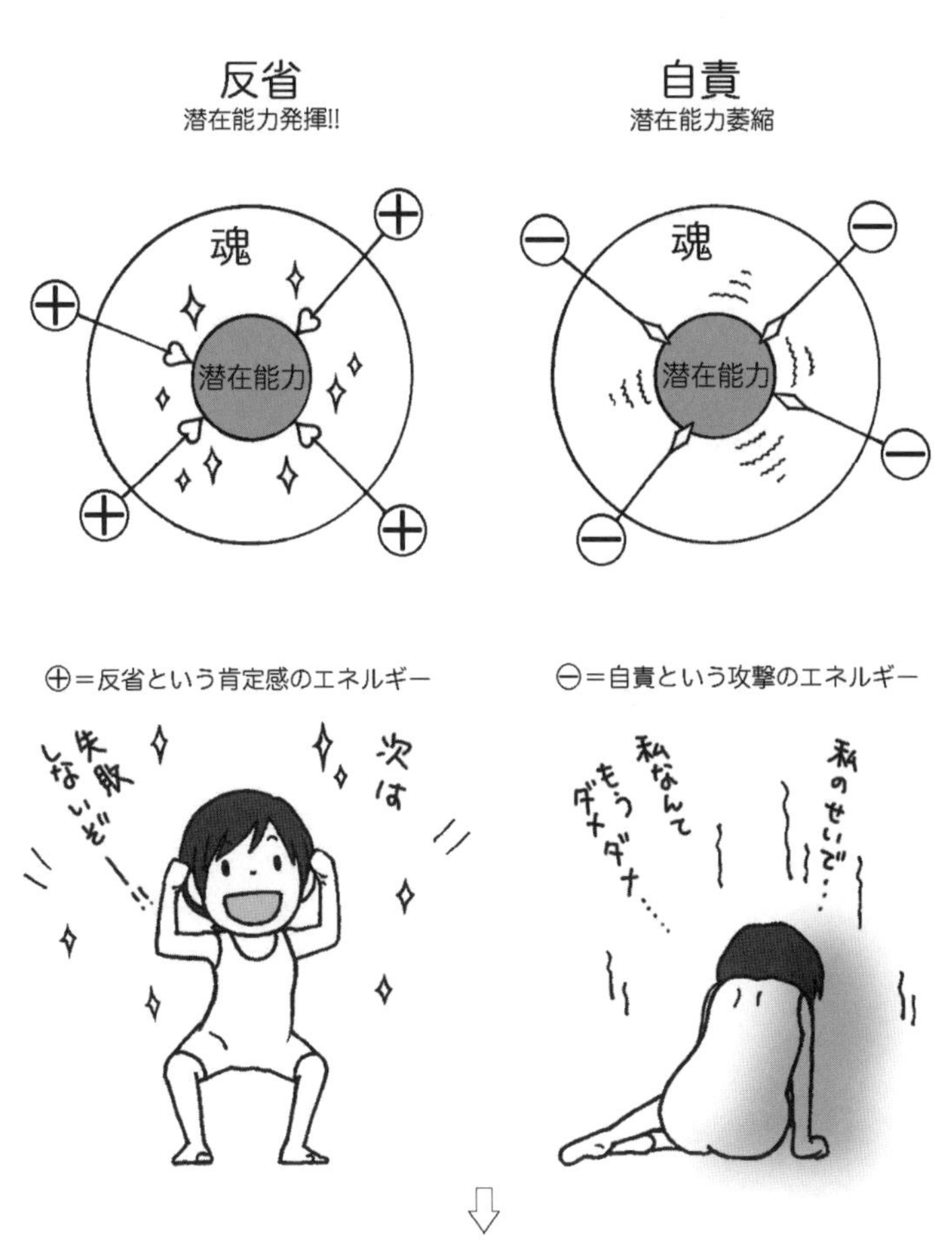

反省は能力を肯定する。自責は能力を否定する。

信頼していた人が去った時、新しい能力が目覚める

大切にしていた物を思いきって捨てたら、「新しい出逢いがあった！」「新しい仕事が舞い込んできた！」なんていう話を聞いたことがありませんか？　必要だと思っていた大切な古い物を思いきって手放すと、新しいエネルギーが入ってくるため、このような現象が起こりやすくなります。

人間関係においても、生まれてから死ぬまでずっと一緒にいる人は稀で、多くは出逢いと別れを繰り返します。

もうこの人とは一緒にいたくないと、自分から離れる。

今まで仲良くしていた人が、突然自分から去っていく。

命の終わりで別れる。

残念ながら、どれもハッピー度数１００パーセント！　ではありませんよね。特に自分が望まない別れは、とても心を痛めるものです。

一番心を痛めるのは、信頼していた人が去った時なのではないかと、私たちツインは思います。

人生で信頼関係を築ける人はごくごく一部です。『信頼関係』とは、何があってもなくても信じ合い、頼り頼られる関係のことです。そこに利害関係はありません。相手を疑う概念もありません。

3次元の地球では、この信頼関係が魂同士の関係に一番近いと感じます。お互いを自然に認め合い、魂のお役目から生み出される得意なことを自然に交換し合えるフラットな関係です。

なのになぜ、信頼していた人が突然去る事態が起こるのでしょう。それは自分のことを大切に想ってくれている相手の魂が次のようなことを知っていて、もう去るタイミングにきたからです。

「このままずっと一緒にいても、あなたの魂に隠された新しい能力は眠ったまま。だから、私は去る。去ればあなたの能力は目覚める」

信頼していた人が実際に去る時の頭の理由は、もう信じられなくなったとか、ついていけなくなったとか、マイナスの理由が多いものです。

けれど魂は違います。信頼しているからこそ、去るのです。

けれど、去られてしまうととても心を痛めます。行かないでと、すがることもあるでしょう。恨んでしまうこともあるでしょう。

そんなふうに心を痛めているうちに、相手の魂が教えてくれた、今まで見えていなかったことにふと、気づきます。**その見えていなかったことに気づいた時こそ、自分の中に眠っていた、未来に必要な新しい魂の能力が目覚めるのです！**

反対に自分が去るパターンの時には、これだけは注意しておいてください。

相手と一緒にまだやらなければいけないことがあるのに辛いからと放棄すると、相手の新しい能力を目覚めさせてあげることはできません。

かつ、自分の魂のやることを放棄したため、放棄したことをやり直さないかぎり、この世を去る時後悔のカルマを魂につけてしまいます。なので、心ではいろいろ思っても、やりきった感をどこかで感じてから、去っていくことをオススメします。

信頼していた人が去る経験はとても痛いものですが、そうそう経験するものではないので、安心してください。でもその経験がやってきたということは、未来に必要な新しい魂の能力の目覚めが必要だったということ。

痛みという陰のエネルギーにこそ、新しい能力が目覚める魂の成長が隠されています。あなたが成長すれば、また、信頼できる新しい人と出逢えます。その人とは、一生共に生きられるかもしれません。痛みを超えて、進んでいきましょう。

SNSのアイコンに過去の自分の写真を使うと、能力の成長が止まる

SNSのアイコンに設定しているプロフィール画像、あなたは今、どんな画像にしていますか？　もしも過去の自分の写真だったとしたら、なるべく早く変更しましょう。今出ている、もしくはこれから出てくる潜在能力の成長が、止まる可能性があります。

過去の自分の写真とは、現在から遡って3年より前の写真です。これは大人であっ

ても未成年であっても同じ。私たちツインから見ると、**3年は潜在意識の現状維持の力が大きくなり現状で落ち着いてしまう、一区切りの時期**に当たると感じます。

潜在能力は潜在意識の奥にある魂の能力ですから、潜在意識の現状維持の力を優先すると魂の光が遮られ、能力の成長が止まってしまいます。したがって3年より前の写真のままにしておくと、能力が止まる現実が起きてしまう可能性が大です。

人間の潜在意識は、とかく変化を嫌います。たとえ嬉しい変化があっても、その変化は自分を危険にさらすものと潜在意識はみなし、落ち着かせようとします。この潜在意識に抵抗できるのが、「変わりたい!」と頭で思う顕在意識です。

変化を経験する過程で、顕在意識である頭の意思が努力に努力を重ねて潜在意識に抵抗し続けられるのが、約3年。3年を経過してもSNSのアイコンをそのままにしておくと、現状維持を望む潜在意識に顕在意識が負けてしまいます。

簡単に言うと、現状の環境や人間関係への『慣れ』がSNSのアイコンも変更せずに、そのままにしてしまうわけですね。

例外は、魂のお役目を実践している人です。魂のお役目は今世の使命であり、現実世界でお役目を果たすために変化の行動を必要とする時は、魂が味方になります。その魂のままに行動し、楽しみながら能力を成長させ続けていきますから、SNSのアイコンに影響されることはなくなります。

しかも魂のお役目を実践している人は、魂に合わせその時々でSNSのアイコンを変更します。よって、魂とSNSのアイコンが連動し、能力は今世の生を終えるまで成長し続けていくことになります。

動物や植物、自然の写真、またイラストはどうなのか？　という質問に、次のようにお答えしたことがあります。

◎動物や植物、自然の写真については、自分の写真と同様に3年より前の写真であったら変更する

動物や植物、自然の写真には、その時の環境下に置かれた自分が良いと思った思考や感覚のエネルギーが入っています。見た目は自分でなくとも、エネルギー的にはその時の自分です。

その「3年前の自分でいいや」という潜在意識の現状維持の力が働いてそのままになっていますから、変わりたければ早めに変更しましょう。

◎イラストについては、1年以内に変更する

イラストは他のものよりインパクトがあります。しかしアイコンにしたイラストのエネルギーは、最初こそ強いエネルギーを出しているものの、1年も経たない間に弱まっていきます。

エネルギーが弱まっていくと、能力の成長もだんだんと止まっていきます。そのためイラストを使用する際は、こまめに変更されることをオススメします。

たかがアイコン、されどアイコン。SNSが当たり前のようになった現代だからこそ、見てくれている人は発信している自分のアイコンで覚えてくれます。

そのアイコンが過去の自分のアイコンだったら、見てくれる人に過去の能力のままである自分を印象付けることになるのです。そういう意味でも能力の成長が止まってしまいます。

今の自分の感覚に合ったアイコンにすることを心がけましょう。自分の写真にする場合、うつむいた自分や後ろ向きの自分はできれば避けてくださいね。前や上を向いた自分こそ、能力を成長させていける魂の自分です。

潜在能力は、過去世に隠れている

この世に存在するすべての生命体には、大神様から分かれてきた魂、『分魂』が入っています。もちろん、人間のあなたの中にも。

それぞれの魂はそれぞれのお役目を果たすべく、お役目に適した能力を持ち、目指す次元へと降りてきました。しかし降りてきた次元の地で、体の中に押し込められたりカルマをつけたりして、能力自体が潜在的なものに変化していきました。

潜在能力となってしまった魂の能力。現代の地球に住む大人のほとんどは、素晴らしい魂の能力を自分が持っていることさえ忘れています。大神様から分かれたばかりの頃は、その能力を100パーセント発揮できる状態だったのですが……。

現在の地球で1度も生まれ変わり（転生）を経験していない魂は、ほぼゼロです。たとえ存在していたとしても、その魂の数は天文学的な確率だと、眞證のあの世の記憶と計算から弾き出されています。

とすると、あなたが見るすべての人たちの魂は皆、あなたを含め何かしらの過去世を持っているとお考えいただいてよいかと思います。

過去世でも現世でも、魂の入った生命体はたくさんの経験をします。喜びも、悲しみも、成功も、失敗も、そして過ちも。これらの経験の中の**悲しみや失敗、過ちが、潜在能力に蓋をしてしまうきっかけになります。**

その蓋は恐れや自責などの陰の思念でできているため、基本触れたがりません。そうすると悲しみや失敗、過ちを犯した過去に囚われたままになり、蓋の下の潜在能力があることさえわからなくなります。

この状態のままで一生を終えれば、陰の思念でできた蓋はカルマとなって魂にくっつき、さらに思い出しにくくなってしまうのです。

けれど、潜在能力は確かにあります。魂が消滅しないかぎり、誰もが持っている能力です。あなたの潜在能力は、蓋をしてしまう前はどこかの過去世で発揮されていました。ただつくってしまった陰の思念から、「思い出してはいけない」と自分に思い込ませているだけ。

過去世からの陰の思念は、今世で味わい続けている陰の感情とシンクロしています。

生まれてから今まで、どんな陰の感情を味わってきたか、どんな陰の感情を今も持っているか、紙に書き出してみてください。起こった出来事も一緒に書いていけば、こんなふうに共通点が見えてくるはずです。

「私は、本当は◯◯したかったのに、◯◯できなかった」

この未解消の思いは、過去世と繋がっています。思いを遂げる行動を今世で繰り返していけば、陰の思念でできた蓋が外れていくことは間違いありません。カルマになっていると、解消まで時間と労力はかかりますが、そこは頑張ってほしいと思います。今世の残りを生きるあなたと、来世のあなたのさらなる幸せのために。

カルマ解消により、忘れていた能力がよみがえる

魂の望む人生を歩む際、カルマは忘れている能力をよみがえらせまいと、目の前に立ちはだかります。立ちはだかるのは、生きていけないと思う辛い現象や、癒しの言葉を囁く人の『人情』です。

人は痛みを回避し、安心や目先の快楽を求めてしまう生き物です。なので、ついつい辛い現象から逃げ、人情たっぷりに癒しの言葉をかけてくれる人になびいてしまいます。それこそがカルマを持ち続けさせ、忘れている能力をよみがえらせまいとする、甘い誘惑なのですが。

人情に溢れている人を否定しているわけではないので、そこは誤解のないようにお願いできればと思います。自分のことのように相手を想い、懸命に助ける人情をかけることは、そこに信頼を生みます。

なので、基本、人情は大賛成！

しかし、人情をかけようとする相手がカルマ解消の局面に立っている場合、人情はカルマを持ち続けさせる甘い誘惑に早変わりします。

甘い誘惑は魂から見ると簡易的な寄り添いであり、間違った信頼という重いカルマをつくります。

その真実に気づかず、人情をかけ続けたり、すがっていると、いつまでたっても忘れている能力がよみがえらない現状をつくってしまいます。

魂のお役目を果たすためには、忘れていた能力をよみがえらせることが必須です。その能力こそ、大神様から分かれてきた時に持ってきた、魂のお役目に必要な神様の能力だからです。

図をご覧いただくとおわかりになるかと思いますが、カルマは黒いエネルギーとして魂にピッタリくっついています。転んで擦りむいたあとのかさぶたが、まだ剥がれない状態をイメージしてみてください。

このかさぶたであるカルマを剥がすことがカルマ解消で、その時はかなりの痛みが伴います。辛い現象となって起きるのは、そのせいです。

この痛みに耐え、乗り越え、二度とそのカルマはつけないと決めてこそ、カルマ解

能力をよみがえらせたい魂とカルマ

カルマが剥がれた魂は
能力をよみがえらせることができる!

消を成し遂げたことになります。かさぶたであるカルマが剥がれた魂は、持ってきた能力をやっとよみがえらせることができるのですね。

カルマを解消し、忘れていた能力をよみがえらせることは、地球に降りてきた魂の目的のひとつです。そのカルマ解消に痛みはつきもの。痛みはいらないものという、人間独自の考え方を見直し、魂の観点から痛みを見るようにしましょう。

3次元の地球に住む人間は皆、カルマを持っています。痛いと思う現象が自分のカルマを解消するための現象であると、心底思えた時、あなたはカルマ解消と、忘れていた能力をよみがえらせる、本来の道を歩き始めるでしょう。

魂が望む、本当の自分として生きる、幸せの道へ。

過去世も過去も、本当の自分に気づく宝でいっぱい！

何か嫌な出来事があった時、人間は立ち止まります。嫌な出来事は陰の経験にあたります。この陰の経験で味わう辛さや苦しさの痛みに向き合うと、その反対側にある喜びや楽しさの嬉しい陽が後で大きくなります。これが魂のしくみのひとつであると、プロローグでお話ししました。

陰と陽の2つで1セットの経験をすると、心も魂もワンランクレベルアップ、つまり成長します。この**成長のエネルギーが本当の自分を呼び覚まし、眠っていた潜在能力までも目覚めさせてくれる**のです。

さて、地球に住む今のあなたは、いくつもの過去世でつくり上げてきた経験と、今世でつくり上げた過去でできていますよね。

過去世は忘れていることが多いため振り返れなくても、今世の過去を振り返った時、どんな陰の経験をしてきたか少しは覚えているはず。その陰の経験からどんな陽を学び、どんな自分に成長したでしょうか。よくよく思い出してみてください。

時々「何も浮かばない」と言う人がいます。それは嫌だった出来事を潜在意識に押し込める心のしくみで忘れているか、陰の経験から陽を学んだ認識がないから思い出せないのです。

そういう時は、親しい人とお茶でもしながら昔話に花を咲かせてみましょう。過去の経験は消えたわけではなく、潜在意識に記憶としてすべて記録されています。その記憶の中は、本当の自分に気づく宝でいっぱい！

たくさん昔話をすることでふと記憶がよみがえってくれれば、もしかしたら本当の自分が昔に呼び覚まされているかもしれません。人によっては稀に、過去世の本当の自分も思い出したりもするようです。

ここで注意したいのが、人の悪口に花を咲かせ、「あの人より私やあなたのほうが優れているよね」と優越感に浸ることです。優越感は、自分は人より劣っていると無意識に思う劣等感から生み出されています。

優越感に浸ると潜在意識は劣等感を強くさせ、本当の自分をこれまた無意識に否定します。けれど頭では自分のほうが優れていると認識しているので、本当の自分や潜在能力に目覚めていると勘違いしてしまいます。

特に女性同士で話をしていると、勘違い話に花を咲かせては、気づかない間に自分たちの魂レベルを落としてしまうので気をつけてください。悪口の内容が、人の魂のお役目やお役目に沿った能力を否定する内容であったのなら、自分たちにカルマをつける可能性も出てきます。

なぜなら魂は、大神様から分かれてお役目を果たしにきた分魂。お役目やお役目に沿った能力を否定することは、すべての魂を生み出した大神様を否定することに値します。

万が一、人のお役目を消してしまう行動をとれば、大神様を消す行動になりますから、かなり重いカルマを自分につけることになります。なので、そこは重々気をつけていただきたいと思います。

本当の自分は、誰を悪く言うこともなく、誰を貶めることもない、自信に満ちた存在です。その自分は、自分も誰をも信じています。自分も誰をも信じるからこそ、眠っていた魂の能力を目覚めさせ使える。これが神様の望む真実です。

あなたの宝箱の中の宝がこの世に出てくる日を、私たちツインは心待ちにしています。

3次元世界でしかカルマは落とせない

この3次元世界で人間がやらなければならないことのひとつに、「カルマ落とし」があります。ここで言うカルマとは、魂にくっついている過ち（罪）のこと。自分でやった許されない行為、悪行等の賞罰が、負のエネルギーとなったものを指します。

重い軽いの差はあれども、カルマを落とさなければ、魂はお役目を果たすことができません。なぜなら、魂にくっついた負のエネルギーのカルマは、お役目を阻んでしまうお荷物だからです。そしてカルマは、この3次元世界でないと落とすことができないと、あの世から示されています。

そのカルマは一体どのようにつき、どのように落としていくのでしょうか。またどのようにしたら、カルマはつかないのでしょうか。私たちツインの過去世で起きた事例をもとに見ていきましょう。

今から何千年も昔のこと。起きつつあった不毛な生活から大勢の仲間を安全の地へ連れて行くべく、私たちツインは道を指し示しながら進んでいました。しかし時間が経つにつれ、安全の地になかなか着かない辛い現状から、仲間の中に不安が広がっていきました。

不安はツインへの疑念を生み、「あいつらは自分たちを騙した、信じるな！」と仲間にふりまく者まで現れ出しました。その言葉を鵜呑みにした仲間たちは、ふりまいた者と別の地へと向かいますが、途中で全員命を落とす事態に巻き込まれてしまいました。

ツインは、離れていった仲間を引き止められなかったことに、深く嘆き悲しみました。

「己の不安を己で制御できる者のみが安全の地に着ける。しかしこの事実は口にしてはならない」

神のこの意思は守らなければいけません。真実を言えない辛さを隠し、ただ仲間を信じるしかなかった。そして、一部の仲間を助けられなかった。それでも、安全の地へ連れて行く役目は果たさなければならない。自らを奮い立たせ、残った仲間と共に目前の安全の地へと向かいました。

敵意と離別の行動、そして結局命を落としてしまう事態を生み出したのは、現状の辛さから生まれた不安と疑念でした。不安と疑念に飲まれた人たちはカルマをつけ、命を落とし、不安になりながらも神の真実を見定めた人たちは安全の地へ辿り着くことができました。


カルマをつけるかつけないかの一番のポイントは、出来事に隠された真実を見定める行動ができるかどうかです。

真実を見定める行動をすればするほどカルマはつきにくく、自分の思いだけで行動すればするほどカルマはつきやすくなる。最悪、命を落とす事態にもなってしまいます。

カルマをつきにくくするには、『出来事の事実確認をし、真実を見定め自分を保つ』行動が必要なのです。


残念ながら、地球に降りてきたすべての魂にカルマはついています。見方を変えると、カルマを落とすために3次元世界の地球に降りてきたとも言えます。

カルマ落としが実現されれば魂のお役目を果たす道に行けますから、まずは繰り返す陰の出来事からカルマを見つけてください。

カルマが見つかったらカルマ落としに入ります。①から順に実践していって、陰の出来事が起こらなくなったところが、自分のカルマ落としに必要な最初の行動です。例えば③で陰の出来事が起こらなくなったとしたら、③をやりきった後②を、②をやりきったら最後に①を終えてカルマ落としが完了します。

カルマの重さは①が一番軽く、⑧が一番重くなります。心の揺れの深さに比例して、つくるカルマの重さが比例する事実をご確認ください。なので⑧までやらないと陰の出来事が起こらなくなる人は、それだけ心が深く揺れたことになります。心が深く揺れた分だけキツイ思いをしながら、カルマを落としていく羽目になるでしょう。

①出来事の事実確認をし、真実を見定める

②真実を見定めきれなくても、ゆっくり真実を見ようと努め、自分の心の揺れを

自制する

③不安や疑念から出た虚実の情報に流され、周囲を巻き込まずに自分だけが間違った行動をするが、情報自体は自分のところに留める

④不安な思いにかられた周囲を巻き込む「コントロール」の行動を止める

⑤不安や疑念にかられた自分の思いを伝えてしまうが、誹謗中傷をグッと我慢する

⑥3次元世界に存在する社会通念上のルールを守る

⑦自分の過ちを認め、関わった人や物事に対し自分の撒いた種(過ち)を刈り取る償いをする

⑧同じ過ちを取らないよう、犯したすべての過ちと正反対の行動をする

カルマを3次元世界で落としていくには、相応の苦しみを乗り越えなければなりません。それでもカルマ落としが済めば、魂の望む幸せな人生の道へと進めます。神様との約束のひとつであるカルマ落としを、ぜひとも実現してください。

第⑥章

「何もなくなる恐れ」が幻想だと気づけば、未来を創造する力が発揮される

「何もなくなる恐れ」が幻想だと気づくことは、どんな未来でも創造できるようになること

「大好きな人が離れていっちゃった」
「頑張っても、頑張っても、うまくいかない」
「仕事が見つからない……お金どうしよう」

きっかけは、様々なつまずきからつくり出される頭の不安。自分の考えていた未来とは違う現実に遭遇すると、頭はまず不安をつくります。その不安の多くは『何もなくなる恐れ』に変わり、創造できる体の動きを止めてしまいます。

何もなくなる恐れを現実にするのは、他でもない自分自身の思考と行動です。その瞬間はまだ、何もなくなっていないのに。とすると、何もなくなる恐れこそ幻想にすぎないことがわかるかと思います。

眞證は小学生の頃、ホームレスを経験したことがあります。傾いた家業を立て直すための、母親の苦渋の決断でした。公園の遊具の中で寝泊まりをし、公園の中にあった水道から水を飲み、コンビニの廃棄弁当を食べたり、ご近所に食べ物をもらったりしていました。

雨の日は遊具から外に出て、シャワー代わりに雨を浴びていました。もちろん神様は助けてくれません。頭を使い、体を使い、生きることに必死な毎日でした。

ほどなくしてホームレスから脱却することができた時、眞證は人間の中の底力を実感できる強さを獲得していたことに気がつきました。

「何もなくなる恐れは幻想だ。生きてさえいればなんとかなる。人間には未来を創造する力があるんだ」と。

食べるものにも苦労した戦争時代と違い、現代の日本人の多くは人間が持つ本来の生き抜く強さを忘れてしまっています。未来を創造する力など自分にはないと思い込み、故に小さなつまずきで何もなくなる恐れを抱いてしまいます。

雨風しのげる家で水道をひねれば水が出て、スイッチを入れれば電気がつく。食べ物は残して捨てても平気なほど、たくさんある。こんなふうに何も考えず、生きることが当たり前にできている日常が、人間の心を弱くさせてしまっているのです。

加えて「誰かがやってくれる、誰かにやってもらえる」という、人任せな風潮が潜在的に根づいているように私たちツインは感じています。

そのくせ自分の思い通りにならないと、すぐに投げ出したり他人を非難したりする人も増えています。朱に交われば赤くなるとは言いますが、こんなに堕落した次元で交わるのはいかがなものかと。何もなくなる恐れ以前の問題です。

野生の動物は、何もなくとも体ひとつで生き抜く力を発揮しています。道端の雑草は、排気ガスにまみれながらもその体を成長させます。自らの魂の力を発揮しているのです。人間の魂にも、この生き抜く力と未来を創造できる力があるのです。

つまずいた時、一度地面に手をついてグッと力を入れてみてください。たくさん泣いた後でも構いません。地面を押す手のひらから出る力は、未来を創造できる力です。

次は立って、地球の大地を踏み締めている足の裏を感じてください。立っていられるだけの力を。最後にゆっくりと歩き出してください。前に進むその力こそ、あなたの未来を創造する力です。

嫌われることを、恐れないで

「好きな人にも、そうでない人にも、知らない人にだって嫌われたくない」

あなたを含めた日本人の多くは、顕在意識でも潜在意識でもそう思っています。誰かに嫌われることをとても恐れています。誰かに嫌われることは、自分という根本の存在である魂を否定されることだ、という価値観が現代の日本に根づいているからです。

まだ着物を着ていた時代までは違いました。たとえ誰かに嫌われたとしても、自分の魂を自分で認める誇り高き大和魂を息づかせるよう、親から子へと受け継がれていました。

この頃までの日本人は、神様・仏様と今よりもっと心が繋がっていて、神様・仏様と共に生きている感覚で生活していました。自分を丸ごと認める神様・仏様と繋がって共にいるのですから、自分を認める心の力は今よりずっと強かったのだと思います。

現代の日本人の多くは、科学的に証明できるものや目に見えるものに重点を置き、神様・仏様と共にいる感覚さえ失っています。そこに『みんなと同じ』でなければならない奴隷教育に洗脳された心が、嫌われることへの恐れを肥大化させてしまいました。あなたの親でさえこの真実に気づかず、あなたを誰かに嫌われない人間にしようと育てていたのではないでしょうか。

あなたの本心を見ようとしないまま。あなたの魂を知ろうとしないまま。

よく考えてみてください。**自分の本当の思いや魂を否定して人に嫌われないように生きることが、果たして真の幸せなのだろうか、**と。

何か悪いことをしたり、エゴを出したりして嫌われるならともかく、本当の自分を出すことは嫌われるに値しないはずです。ただの意見や価値観の相違、魂の資質の違いにすぎないのですから。

意見や価値観、魂の資質がまわりと違うことを否定することは、根本の存在である魂を否定し、嫌うに値するという恐れに支配されているだけです。

自分の意思をしっかり表現する欧米人には、この現代の日本の価値観はありません。

日本人から見ると相手を否定するような勢いの自己表現でも、本人はただ自分の意思を表現しているだけ。表現した後は信じられないくらいケロッとしていたり、友好的に話しかけてきます。それだけ自分で自分を認めているのです。

本当の自分を思い出し幸せに生きたいなら、自分の魂の資質を認め、本当の思いである真意を相手に伝えられる勇気が必要です。伝えたことで、もしかしたら嫌われてしまうかもしれません。でも本当の自分を伝えれば、あなたの魂は喜びます。

喜んだ魂は、今度は勇気を出したあなたにふさわしい相手を引き寄せるでしょう。表面上の付き合いではなく、素（す）を出し合い、魂を認め合える、心地良い関係の相手を。

嫌われることを恐れている人は、万人に好かれることを望んでいます。地球ではそれは諦めてください。誰かに嫌われても、本当のあなたを見てくれる人たちは必ずいます。その人たちと魂の自分を表現していけるあなたの人生こそ、本当の幸せだと思いますよ。

孤独を知るから、心通じ合う仲間との出逢いを果たせる

何もないところに、ポツンとひとり。『孤独』という名の闇を、あなたは経験したことがありますか？　もしあるのなら、心通じ合う仲間との出逢いはもうすぐそこまで来ています。あなたが経験した孤独は、心と心を通じ合わせ、本音で語り合える仲間の大切さを教えてくれたはずですから……。

若かりし頃のツインは、孤独の中にいました。育った環境でつくり上げた満たされないインナーチャイルドに翻弄され、愛しい我が子とも引き離され、ひとりぼっちの苦しみを味わいながら。

「いい加減、この孤独から脱却したい」

そう思い、まだ出逢っていなかった私たちは、それぞれの地からそれまでの環境とは違う場へ意を決して飛び込み、出逢いました。

何十年もの孤独を味わってきたからこそ、ツインソウルとしての魂の繋がり以前に、2人の関係は大切にしたいと心で思い合いました。

お互いが持っていた孤独も、心と魂を内観し続け協力して克服していきました。そしてこれから出逢う仲間と、その繋がりを大切にしていこうと誓い合ったのを覚えています。

そんな私たちツインのもとには、自ら孤独に向かう寂しさを抱えた人たちがたくさん訪れてきてくださっています。自分もしくは他人を否定し、生きづらささを感じ、そこを超えて魂が望む幸せ（お役目）な人生を実現したいと願って。

その自ら孤独に向かう人たちをよくよく見ていくと、10個の特徴（行動）を持っていることに気がつきました。

次の項目を一つひとつ自分に当てはめてみてください。5個以上当てはまったら、あなたは自ら孤独に向かっている可能性があると思ってくださってよいでしょう。

◎孤独に向かう人の特徴（行動）

・人を信用しない

・グループに馴染もうとしない
・自分に合わないと思った人とは縁を切る
・自分とは違う価値観を受け入れない
・弱さを悪と思い、強がって見せる
・人に頼らず、自分ですべてを抱え込む
・自分の思い通りに相手を動かそうとする
・気に入らないアドバイスは拒否する
・自分のことを人に話さない
・損得勘定で動いている

孤独に向かうのには、それなりの理由がその人の潜在意識や魂にあるのですが、本人はなぜ孤独に向かってしまうのか理解していません。

私たちはある程度の時間をかけ、その理由を本人の顕在意識まで引き上げます。孤独に向かってしまう理由を自分自身に受け入れてもらうためです。受け入れることでやっと孤独から脱却でき、心通じ合う仲間との出逢いが果たせる未来を実現できるからです。

ただ残念ながら、孤独に向かってしまう理由がわかっても、慣れた『孤独に向かう人の特徴（行動）』に戻ってしまう人もいます。変化は辛いからイヤだと心のどこかで思う自分と、元の自分に戻そうとする潜在意識の力に従うことを選択し、孤独はイヤなのに、孤独のまま人生を終わらせてしまう道をひた走ってしまうのです。

せっかく、孤独に向かってしまう理由を知ったのであれば、もう孤独から脱却してもよいのではありませんか？

孤独から脱却すれば、必然的に心通じ合う仲間との出逢いが果たせます。心通じ合う仲間との間では、先述した孤独に向かう行動はすべて不必要。心と心が通じ合った関係は、なんとも心地良いものですよ！

あなたの魂も、あなたと出逢う仲間の魂も、ずっとその関係を望んでいます。頭でも望んでください。強く、強く。強く望んで、さあ、後は孤独の行動を捨てるのみです。

「古い自分」を手放し、本当の自分を手に入れる

生まれてから今まで培ってきた経験、思考・感情のパターン、価値観でつくり上げられているのが、現在のあなたです。魂レベルで見ると、大神様から分かれてから何度も生まれ変わり、気の遠くなるほどたくさんの経験でできた上がっているのが、あなたです。

経験でつくられた思考・感情のパターン、価値観のうち、今の自分にはもう必要ないのに、未だ持ち続けている「古い自分」がいます。

古い自分は、魂が手に入れてほしいと願う『本当の自分』から目を背けさせる、お肌の古い角質のようなもの。お肌の表面に古い角質を溜めたままだと肌トラブルを起こすように、古い自分を持ったままだと自ら幸せを遠ざけてしまうようになります。

本当の自分と魂が望む幸せを手に入れるには、不要となった古い自分を手放さなければいけません。

古い自分が安心・安全だと大いに勘違いし、手放そうとしないのが人間の潜在意識です。が、その潜在意識に甘んじたままでは人生は変わりませんから、ここでは古い自分を手放す3つのステージを実践してまいりましょう。

古い自分を手放す3つのステージは、頭で考えるだけではうまくいきません。潜在意識から変えていけるよう、実践前に少しだけ【図】（221ページ）のようなイメージをしてください。

《体の一番外側にまとっているのは、ベールのような古い自分の素粒子です。古い自分の素粒子が、内側から溢れる魂の光で溶けていきます。新しいお肌の細胞が生まれるように、本当の自分が輝き出します》

イメージができたら、古い自分を手放す3つのステージを実践してください。ステージ1と2を書き出したら、ステージ3を3日に1度は繰り返しましょう。

【ステージ1】出来事に反応する、陰の自分の思考・感情パターン、価値観を知る

家庭、職場、友人・仲間との付き合いで起こった、強く印象に残っている陰の出来事を3つ思い出してください。あなたはその時、どんな思考が働き、どんな感情になりましたか？　その思考と感情は、あなたのどんな価値観から生み出されていますか？　出来事、思考・感情、価値観をできるだけ詳しく紙に書き出しましょう。

【ステージ2】ネガティブな結果を繰り返し生み出す、古い陰の思考・感情パターン、価値観を手放す

ステージ1で書き出したネガティブな結果を生み出す陰の思考・感情パターン、価値観を、今までずっとあなたは繰り返していました。その古い自分を持っていたことで「良かった」と思えることを、別の紙に書き出してください。ひとつだけでなく、3つ以上書き出しましょう。ポイントは、古い自分を手放す感覚で書き出すことです。

【ステージ3】本当の自分が心の底（魂）から大切にしている価値観を思い出し、持ち続ける

ステージ1と2で書いた紙を2枚重ね、胸に置いて両手のひらをそっと乗せます。

古い自分から本当の自分に生まれ変わる

古い自分の素粒子が、
内側から溢れる魂の光で溶けていくイメージをしよう！

その際、ステージ2の紙が胸側にくるようにしてください。

目を閉じ、「今までありがとう」と心の奥で光り輝く魂に溶けていくイメージをしましょう。魂と一体になった古い自分から、本当の自分が大切にしている価値観が湧き上がってきます。

最初は言葉にならなくても、繰り返し感じているうちに新しい価値観が言葉として出てきます。その価値観を全身に染み渡らせ、外側に輝かせてください。

古い自分を手放すと現実的な変化が起こり始めます。その時「私、変わったな」と実感できるようになります。それまで諦めずに続けてくださいね。

「失敗」から何をいくつ学べるかで、未来が変わる

間違ったことをする『失敗』は、悪いこと。そんなふうに思っている人が多いせいか、失敗による瞬間的な萎縮エネルギーが、あちらこちらから眞證のもとに飛んできます。

それらは「怒られる」恐れや、「怒られちゃった」悲しみの陰の感情エネルギーで、失敗した自分を悪い人間に仕立て上げています。もともとの人格や存在自体が悪い、としてしまっているのです。３次元世界の地球でつくられている失敗に対するこのエネルギーは、なかなか心が痛いものです。

今から5年以上も前に、私たちツインのセッションを1年ほど受けに来られていた10代後半の青年。彼は自信を持てないことから自分の意思を口にすることができず、彼女いない歴を更新中でした。

自信を持てなかったのは、厳格な父親の「失敗は恥ずべき行為」という価値観から、失敗を恐れて自由な自己表現ができなくなっていたから。そして最たる原因は、幼い頃に気になる少女の前で自分の意思を出した時の、そっぽを向かれた『失敗』の経験でした。父親の言う通り、失敗した自分は恥ずかしくて悪い人間だという恥の意識から、自己表現ができなくなってしまったのです。

私たちは彼に告げました。「失敗をどんどんしてください」と。本当の自分を取り戻し、彼女いない歴に終止符を打つためには、失敗への恥と悪の意識を捨てる必要があったからです。

失敗への恥と悪の意識を捨てるには経験を増やし、頭と体に実感を伴わせないといけません。いくら宇宙に投げたとしても陰の意識は浄化されませんし、失敗は学びを頭と体が実感してこそ潜在意識が変化していき、本当の自分が目覚めてきます。

その理由も併せて伝えたところ、最初こそ戸惑っていたものの、彼は意を決したように「わかりました」と力強く答えてくれました。その数ヶ月後にめでたくお付き合いする彼女ができた報告を受けた喜びを、今でもハッキリと思い出すことができます。

彼の『失敗』からの学びは、失敗を成功に変える自分流のアレンジを考える力が自分にあったこと。ひとつの出来事（経験）を5つくらいに分割して観察したら、ひとつくらいは成功していたこと。そして、まわりは意外に自分の失敗を気にしていなかったこと。他にもいくつかあったようですが、この3つが大きな気づきと学びをもたらせ、自分に自信がついた結果、彼女ができたということです。

失敗の素粒子は、表面だけ見ると黒い陰の感じを受けます。しかし中身は、本当の自分を発芽させる滋養に満ちたエネルギーでいっぱい。まるで植物の種に似ていますね。

失敗の本質は、幸せの未来に変えてくれる陽の素粒子。決意と行動でそれを実現した当時10代だった彼は今、その彼女と結婚し、幸せな家庭生活を送っているそうです。

あなたも失敗から学べば、未来を変えることができるはず。この3次元世界の地球にある失敗への恐れを捨て、素敵な未来を自分の力でつくっていきましょう！

「決めない、何もしない」ことこそ恐れなさい

人間の毎日は多かれ少なかれ、また簡単なことから難しいことまで、『決める、何かする』の繰り返しです。例えばこんな時、もし決められない、何もできないあなただったとしたら、どうしますか？

「この服とあの服、どっちにしようかな……」

「今日はパスタの気分なのか、カレーの気分なのか、わからなくて迷っちゃう……」

「今の仕事辞めたいけど、次見つかるかどうかわかんないし、もう考えるのやめたい

……」

「彼と結婚するか別れるか、決められない……」

家庭でも職場でも、また自分の人生でも随所で決める、何かする、それができて周囲の人との関係も、自分の人生もうまく回ります。しかし決められない、何もできない人が、最近は増えてきたように感じます。

決められない、何もできないのは、失敗への恐れや、周囲に悪く見られたくない頭の思いがあるからです。

ということは、いつも失敗への恐れや、周囲に悪く見られるイメージを無意識にしていますから、現実はその通りになっていきます。決められない、何もできないことで、周囲の人との関係がうまくいかなくなり、自分の人生もうまく回らなくなっていくのです。

なのに潜在意識の深いところでは、決めない、何もしないことで、喜んでいる自分がいたりします。「責任逃れをしてラクをすれば、誰かにやって（決めて）もらえる」安心感が得られると、勘違いしているのですね。

実際その安心感は、最終的に周囲の人から見放される一時期の安心感なのですが、なかなか手放そうとはしません。

第1章の【神様、仏様にすがればすがるほど不安になる】でお伝えした、通称『クレクレ族』。彼らは常に頭で抱える不安を安心に変えるために、人間だけでなく神様、仏様に対してもやってクレクレとお願いします。

自分の人生なのに自分の力を使わないラクが心地良いと、魂の波動を落としてしまっているからです。一時的な目先の安心感を求めるのは、自分をなくす世間のスピリチュアルに慣れてしまった結果だとも言えるでしょう。

本当に恐れるに値するものは、『決めない、何もしない』ことです。

あの世からこの地球に生まれてくる時、魂は自分の人生を計画してきました。その計画の中で、神様と約束してきた人生があります。

《カルマを落とし、魂のお役目を果たす》

カルマを落とし、魂のお役目を果たせるようになるまで、何度も「自分で決めて、自分でする」現実を歩んでいかなければなりません。何もかも人任せでは神様との約束は果たせないのです。

けれどもすべて自分だけで決めて、自分だけで行動すると、心の中のエゴが顔を出し自分勝手になってしまいます。人間とはそういう生き物です。ですから、時々誰かに頼り、アドバイスを聞き、そのうえで自分で決めて、自分で行動していけるようになるとよいですね。

魂はいつでも、自分で決めて、自分でするんだと思っています。自分勝手な『ワガママ』ではなく、『我のまま』に生きる魂の意思に沿って神様との約束を果たしていくあなたを、応援しています。

「死」は終わりではなく、次の「生」を創造する旅の始まり

人は還暦を過ぎる頃から、自分の死をなんとなく受け入れ始めます。すでに半分以上生きてきた人生を清算したいと、寿命を感じて自然に思うようになるのです。また年齢関係なく病気を患い、余命を知ったり感じたりしても同じように思います。

そこに死への恐れがないかと言えば、まったくないとは言い切れません。なぜならば地球に住む人間は、痛い、苦しい、悲しい、寂しい、怖い、終わり、別れなどのマイナスのイメージを死に対し持っているからです。

【生は善で、死は悪である】

生きている時間に比べると死は一瞬なのに、二度と何もできない、会えない、話せない現実を生み出します。長い間つくり上げてきた人生を一瞬で終わらせてしまう死という力に人間は恐れを感じ、いつの頃からか死を悪としてしまったのでしょう。

死を悪とし、どんなに恐れていても、すべての人に死はやってきます。波動の低い肉体に永遠はないのですから、当然のことです。けれど気持ちがついていかないのは、魂が次の2つの嫌な思いを経験したくないからです。

●二度と会えない別れを経験したくない

人間は皆、別れを嫌います。特に大切な人と二度と会えなくなるなんて、考えるだけで耐えられないと思ってしまいます。これは大神様から分かれた時の魂の『分離』

経験が大きいからだと、眞證は言います。

また今世や過去世で死による辛い別れを経験している人は、この思いが強くなる傾向にあります。

●やりきれなかった後悔をしたくない

あの世で決めてきた課題とカルマの解消、及び魂のお役目を今世の生でやりきれないことは、魂にとって後悔でしかありません。たとえ寿命であっても、道半ばで終えたくはないのです。

道半ばで終えると、その分再び大神様のもとに戻る期間が長くなります。決めてきたことを今世でやりきるということをそれぞれの次元で果たし、大神様に経験を伝える目的がなかなか達成できないなんて。人間的に考えても、やりきれなかった後悔はしたくありませんよね。魂も同じです。

二度と何もできない、会えない、話せないという終わり、そして後悔を実現する死への人間の恐れ。それは魂が大神様のもとへ戻れないジレンマによるものだと、ご理解いただけたかと思います。

本来の死とは、死ぬ前にいた次元より高い次元の世界に生まれ変わるための、より良い『変化』です。

魂が決めてきたことを今世の生でやりきれば、次の次元に生まれ変わった時は、また新たな生である経験を創造できるのです。

本当に恐れなければいけないのは、死ではなく新たな生を創造できない後悔の念にかられる人生を送ること。言葉を変えれば、魂が決めてきたことを今世の生でやりきれば、死を良い変化として受け入れられる自分になれるということです。

死は終わりではなく、次の生を創造する旅の始まりです。次の生へと気持ち良く向かうためにも、魂が望む、今やるべきことに目を向け行動しましょう。いつか死を迎えた時、次の新たな生を創造できる喜びに満ち溢れている自分に気づくはずです。

何も奪われない！　与えれば与えられる

アフリカのとある貧しい国では、食べるものにも事欠く生活のため、奪い合いが日常茶飯事だと言われています。子どもたちは銃を持ち、誰かの命を犠牲にしてでも食べ物やお金を奪わなければ、生きていけない。そんな現実があることを、現代の日本に住むほとんどの人は知りません。そこまでしなくても、そこそこ生活できる日本の今の環境にどっぷり浸かり、当たり前のように生きているからです。

奪い合わなくても当たり前のように生きられる日本なのに、それでも奪おうとする輩がいます。ラクをしたい、遊びたいエゴを、横領や強盗、詐欺等で人の金品を奪って叶えようとする人たちです。

近年のインターネット、スマートフォン社会では、クレジットカード情報、個人情報も奪われる対象になっています。そんな人たちに奪われたら「たまったもんじゃない！」と思いますよね。私たちツインも思いました……最初は。

よくよく奪われる人の魂や潜在意識、素行を見ると、奪われる側にも問題があることが判明しました。その問題は、本人の意識的・無意識的に関係なく、以前に誰かから何かを奪ってきた行為だったのです。奪ってきた何かとは、お金だったり、パートナーだったり、幸せだったり、自分が奪われたらとても辛く悲しいものです。

その代償として、自分の大切な金品等を奪われる『たらいの法則』の現象が、宇宙の法則により返ってきていただけ。

ですから**奪われる現象が起きたのなら、奪った人を責めるのではなく、過去に自分がやってきたことを真剣に振り返ってください。思い当たる節があるはずです。**

宇宙の法則はいくつかありますが、一番わかりやすいのは『たらいの法則』です。たらいとは、平たい桶（おけ）のような形をした容器のことで、昔は洗濯、食器洗い、水遊び等に使われていました。

現代ではあまり見なくなり、若い方だとわかりにくいと思いますので、代わりにお風呂の湯船をイメージしてもらえばよいかと思います。お湯を張った湯船につかり、自分の体から前に両手でお湯を押し出してみてください。押し出されたお湯が自分のところに返ってきます。これを『たらいの法則』と言い、宇宙の法則の中でも大原則のひとつにあたります。

【与えれば与えられる、たらいの法則の図】をご覧ください。誰かに「どうぞ」と何かをしてあげれば（与えれば）、誰かから「どうぞ」と自分に返ってくる（与えられる）。良いことをすれば陽の思念が宇宙に届き、良いことが返り、悪いことをすれば陰の思念が3次元の壁にぶつかり、早めに悪いことが返ってきます。

時には過去世でやったことを今世でも繰り返し、自分に返ってくることもあります。つまり誰かに何かを奪われたのなら、過去世だけでなく今世でも奪っていた事実があるということです。ちなみに良いことは陽の思念が宇宙まで飛んで返ってくるまで少し時間を要しますので、気長にお待ちくださいね。

何も奪わなければ、何も奪われません。逆に何かを与えれば、何かが与えられます。

あなたの中に「奪われるかもしれない」恐れがあるのなら、昔々にあなた自身が奪った経験から、『たらいの法則』で恐れているだけなのかも。だったら！　奪われる恐れで自分を守り通すより、まず何か奪われて『たらいの法則』を完結させてはいかがでしょうか。そして今度は人に喜びを与えるよう、努めるのです。

与えれば与えられる、たらいの法則

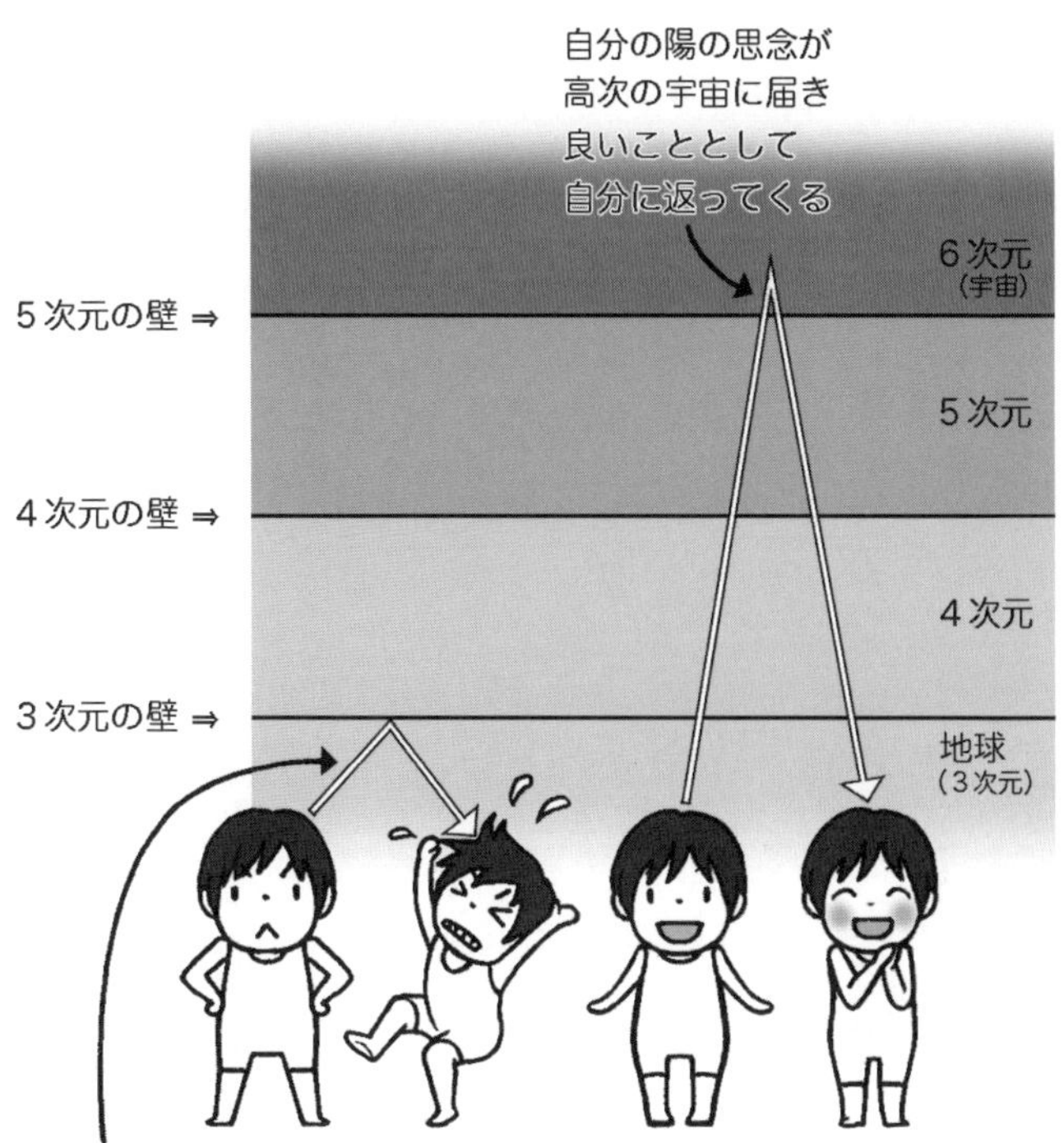

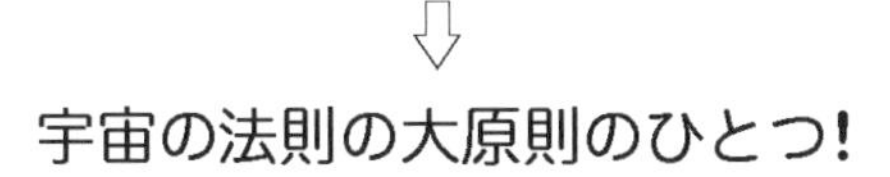

自分のすることで真に喜んでくれる人の笑顔は、心底嬉しく心地良いものです。その心地良いエネルギーが『たらいの法則』にのっとり、さらなる喜びとしてあなたのもとに返ってきます。

与える行為が魂のお役目なら、その喜びは永遠に続きます。『たらいの法則』は、未来永劫続く宇宙の大原則なのですから。

癒しエネルギーの正しい使い方

《癒しのエネルギーを送る》

これはスピリチュアル業界では普通に行われている、癒しの手法です。目的はもちろん、癒しを求める人や傷ついた動物・地球を癒すこと。3次元的にはとても良い手法です。

この手法を「癒してあげたい」思いで実行すると、相手も自分も悪い状態になりかねない、と聞いたら信じられますか？

にわかに信じられなくても、癒しのエネルギーを送るのはちょっと待ってください。あの世からすると、人間が癒しのエネルギーを送ることは、じつはとても危険なエネルギーの使い方なのです。

人は心が疲れたり、苦しんだり、傷ついたりすると、自分のエネルギーが足りなくなり、何かに癒されたくなります。心優しいあなたはそんな人を見たら、癒さずにはいられないでしょう。癒しは心地良いものですからね。だからこそ、癒しエネルギーを正しく使うことが重要です。

癒しエネルギーの正しい使い方は、次にあげた『癒さない手法』です。

【真に癒せる、癒さない手法】

1.「癒してあげたい」と思わないこと

2. 無の状態になること（宇宙エネルギーを通すただの媒体になる）

3. 相手の中にある癒しの力が、宇宙エネルギーにより引き出される感覚になること

なぜ、癒さない手法が真に癒せることになるのか。辻褄が合いませんよね。ポイントは1の「癒してあげたい」と思わないところにあります。

人間は心を持っています。その心は頭で認識できる顕在意識と、頭では認識しづらい、もしくはできない潜在意識でできています。

「癒してあげたい」と思うのは、顕在意識です。ところが潜在意識には、「ダメな私」

「劣っている私」「できない私」などの陰の自分が存在しています。いくら陰の自分を克服しても、その自分をつくり上げた過去は消せませんから、陰の自分をゼロにすることはできません。

「癒してあげたい」顕在意識も、陰の自分が存在する潜在意識も、合わせて自分の心。「癒してあげたい」と思って癒しエネルギーを送ると、どうしても一緒に陰の自分もエネルギーとして送ってしまうことになります。

エネルギーはより大きなほうが具現化されます。顕在意識より潜在意識のほうがはるかに大きいですから、癒しと称したエネルギーを使うことにより、陰のエネルギーが具現化されます。なので「癒してあげたい」思いで実行すると、相手も自分も悪い状態になりかねないのです。

真の癒しは、宇宙に無尽蔵に存在する元気のエネルギーを、自分がただ媒体になって相手へ通す。そして、相手の中にもともとある癒しの力が、宇宙エネルギーにより引き出される。これが癒しエネルギーの正しい使い方です。

人間的な「癒してあげたい」思いは、真に癒しを引き出す宇宙エネルギーの妨げになるだけ。

ちなみに自分への癒しは、自分の陰の気持ちを自分で認め受けとめ、時には誰かに話すことで、自分の中の癒しエネルギーが引き出されます。

人にも自分にも、動物や地球にも、癒しエネルギーは正しく使いましょう。宇宙エネルギーを正しく通し、癒しと同時に本当の自分を取り戻す力を活性化させるためにも。

第⑦章

「新たな7つのステップ」で、本当の自分を取り戻そう

「新たな7つのステップ」を通して、本当の自分が見えてくる！

心から幸せを感じられる本当の自分を取り戻すには、まず本書を繰り返し読み、心と魂のしくみに精通している人から知識を学びましょう。

そして人生を魂の望む未来へとサポートしてくれる人を見つけたうえで、『新たな7つのステップ』を順に実践していくのです。それも1度だけでなく、**1から7のステップを最低でも3回は繰り返してください。**4回以上なら、なお良しです。

「えいっ！」と心で念じても、ひとっ飛びできない、この3次元の地球。長い間つくり上げてきた自分から本当の自分を取り戻し、魂のお役目ができるようになるには、**最低3年はかかります。**そのためには、諦めない心と継続が必要です。

注意する点は、決してひとりでは行わないこと。潜在意識の中には、あなたが今まで認めたくなかった「陰の自分」がいます。

陰の自分は、それはそれは大きな自責や、他責の陰の感情エネルギーをまとっていて、自分だけでは苦しすぎてとても受けとめきれません。生まれたての赤ちゃんが、自分で自分の世話ができないことと同じです。

また心のしくみで、前の自分に無意識に何度も戻ろうとします。ですから、この人なら信頼できると思える実力と愛情を持った身近な人、もしくはプロに学びとサポートをしてもらってください。

本当の自分を取り戻していくための、本来の大まかなサイクルは次の通りです。

【1】学び（知識）

↓

【2】行動（各ステップ）

↓

【3】参照（学んだ知識に各ステップの行動から見えてきた自分を当てはめ内観）

↓

【4】検証（今世の過去、過去世の見直し）

↓

【5】構築（本当の自分の思考・感情の確認と、それに繋がる行動）

再び【1】へ

この『学び』と『行動』と『内観』の3つをセットとしたサイクルを繰り返すことで、本当の自分を取り戻していけます。

もちろんサポートがあっての歩みになりますので、まずは本書を繰り返し読みながら、サポートしてくれる人を見つけてください。必ず見つかるはずです。それから本当の自分を取り戻す『新たな7つのステップ』を実践していきましょう。

ステップ1と2では、今まで頭で理解していた自分とは違う、潜在意識の中にいる本当の自分をひとつでも多く探し出していきます。

ステップ3と4では、潜在意識の中の嫌な自分を受け入れ、本当の自分が持つ力を感じていただきます。

ステップ5と6では、本当の自分を実現していくために、より現実的で具体的な行動を起こします。

最後のステップ7では、以前の自分に戻ろうとする心を、幸せになれる本当の自分に変化させていくエクササイズで、幸せの定着を図ります。

〔ステップ1〕本当の自分を理解するために、まず「なぜなんだろう?」と考える

~思考を辿ることで、本当に叶えたい望みがわかる

本当の自分は、究極はあなたの魂そのものです。しかしながら魂は心の最奥にあるため、何も学ばず誰のサポートも受けなければ、理解するどころか、感じることさえなかなか難しい。難しいのは心の大半を占めている、そして魂とも繋がっている潜在意識の中の自分を、自分で理解していないからです。

潜在意識の中の自分をひとつでも多く理解していけば、本当に叶えたい望みがわかってきます。同時に本当の自分である魂に少しずつ触れていけます。

ただし人間は普段、顕在意識である頭の思考に頼って生きています。わざわざ感じにくい、もしくは感じられない潜在意識の中の自分を理解しようとは考えていません。

ステップ1では、頭の思考を活用して潜在意識の中の自分を理解し、本当に叶えた

いあなたの望みを出していきましょう。

頭の思考を最大限に活用するポイントは、陰の自分に対して「なぜなんだろう?」と考えることです。普段は当たり前のようにスルーしている自分の状態に疑問を持ち、理由を考えるのです。

言葉ひとつとっても、なぜ?
思うことひとつとっても、なぜ?
感じる気持ちひとつとっても、なぜ?

「なぜなんだろう?」と頭で考え出すと、あなたが意識していない時でも、24時間ずっと毎日毎日無意識になぜ?　の理由を探し続けます。たとえ眠っている時でもです。

すぐに答えが出なくて、同じようなところをぐるぐる考えてしまっても、諦めなければある日、ポンと答えが出てきます。その答えがしっくりくる、納得できる自分であれば、潜在意識の中の本当の自分をひとつ、理解できたと思ってよいでしょう。

なぜ、私はうまく話せないんだろう？
なぜ、私はすぐ不安になるんだろう？
なぜ、私は自分を責めてしまうんだろう？
なぜ、私は人を否定してしまうんだろう？
なぜ、私はこんなに怒れるんだろう？
なぜ、私はこんなに悲しいんだろう？
なぜ、私はこんなにも苦しいんだろう？

自分自身に「なぜなんだろう？」をたくさん投げかけることで、そうなってしまう理由がひとつひとつわかってきます。この時の理由は、すべて自分の内側の理由です。外側の理由（誰かのせい、何かのせい）は一切ないことを覚えておいてくださいね。

理由がわかると、「本当は◯◯したかった、◯◯を望んでた」という、本当に叶えたい望みが湧いて出てきます。ここで湧いて出てくる言葉は過去形でも、本当はまだ叶えたいと望んでいる望みです。本当の自分が叶えたいと望んでいるのに叶わないから、話せなくなったり、責めたり、苦しんだりするのです。

たくさんたくさん、自分の潜在意識に「なぜなんだろう?」を投げかけてあげてください。さあ、どんな理由と本当の望みが出てきましたか?

(ステップ2)ムカつく人への反発心をぶつけた、「出さない手紙」を書く
~陰の感情に隠された、幸せを止める自分に出逢うために

ステップ1で本当の自分を理解し、潜在意識の中の叶えたい望みが出てきたところで、なんだかモヤモヤが残っている、もしくはフツフツとしたものを吐き出したいような、何かが感じられてくると思います。

そのモヤモヤや吐き出したいようなフツフツとしたものは、陰の感情に隠されていた、幸せを止める自分です。自分の陰に向き合ってきたことで、幸せを止める自分が出てきたのです。

幸せを止める自分とは、自分を受け入れてくれなかった人たちに対しての反発心、『怒りと悲しみの感情』です。

幼い頃に出せなかったインナーチャイルドの陰の感情が、未解消のままになってい

るのですね。人によっては、過去世から持ってきている陰の感情であったりもします。この怒りと悲しみの感情をぶつけずして、本当の自分を取り戻すことも、幸せに生きることも叶いません。

ステップ2では、ムカつく人にぶつけたかった陰の感情である怒りと悲しみを、出さない手紙に思いきり出してみましょう。

まず、便箋と封筒、ペンを用意してください。

そしてステップ1で出てきた陰の自分と、そこに関わったムカつく人を思い出してください。すでにこの世に存在していない人でも大丈夫です。

〈家族〉

父親、母親、祖父母、叔父、叔母、夫、妻、兄弟、姉妹

※自分の子どもは対象外です

〈学校〉

先生、(学校時代の) 友達、先輩、後輩、ママ友、ＰＴＡ関係の人

〈仕事〉
上司、部下、同僚、取引先関係の人、（会社等を経営している人は）社員、他に仕事上で関わった人
〈その他〉
彼氏、彼女、友達、習い事の仲間、他に関わった人

思い出す人はすべて、今世で関わった人たちです。過去世の記憶がある人は、その対象に当たる今世の人でも構いません。

思い出したら一人ひとりに対し、反発の思いや気持ちを思いきり手紙に書いてください。その際、今まさに目の前にその人がいるとイメージしてください。

これまで言ったことのないようなひどい言葉を並べ立て、どんどん書いていきましょう。どうせその手紙は出さないのですから、遠慮は無用です。

書いているうちに、怒りや悲しみの感情が溢れ出てきて口に出したくなるかもしれませんから、手紙を書く時はひとりで書いてくださいね。

一通り書き終えたら、便箋を封筒に入れましょう。封筒には宛名も差出人も書かず、

誰も見ないところに3日間しまっておいてください。3日経ったら封筒から便箋を出して読み返し、幸せを止める反発心を持つ自分が消えるまで、3日おきに読み返しましょう。

最後は安全な場所で、封筒に入れた便箋ごと燃やしてください。手紙に書いた人に、心からの「ありがとう」と「さようなら」の言葉を添えて。

（ステップ3）自分の力を奪う「悪魔言葉」をやめて、自分に力を与える「神様言葉」を使う

～潜在意識のマイナスの思い込みをプラスに変える

潜在意識の中の、今まで忘れていた陰の自分を少しずつ思い出し、あなたはゆっくりと本当の自分に近づいています。また、陰の自分はマイナスの思い込みを抱えた昔の自分であると、なんとなくでも理解しているはずです。

今のままだと潜在意識の中で無意識にマイナスの思い込みを唱え続け、何もしないと昔の自分に戻っていってしまいます。それは人間が誰しも持つ、心のしくみからです。

マイナスの思い込みは「悪魔言葉」として繰り返され、自分の魂が発揮する力を奪います。そんな**自分に力を与えるには、「神様言葉」を繰り返し潜在意識に染み込ませていくのが一番早い方法**です。

ステップ3では、マイナスの思い込みをプラスに変えていけるよう、悪魔言葉をやめて神様言葉をどんどん使っていきましょう。

神様言葉と悪魔言葉は、次のとおりです。

常に自分の思考と口にする言葉に気をつけ、悪魔言葉を使っている自分に気づいたらひと呼吸置き、神様言葉を使いましょう。神様言葉はその時のあなたの心に響くものを使ってください。

悪魔言葉を使ってしまってもすぐに神様言葉が使えるよう、自動修正機能が働くまでの自分を目指すとよいと思います。

【自分に力を与える神様言葉】

・あなたを（私を）愛してる
・あなたを（私を）信じてる

・あなたが（私が）大好き
・あなたの（私の）ことが大切
・あなたは（私は）そのままでいい
・あなたは（私は）最高！
・何があっても味方だよ
・生まれてきてくれてありがとう
・出逢ってくれてありがとう
・あなたには（私には）価値がある
・あなたには（私には）力がある
・あなたなら（私なら）できるよ
・あなたのおかげだ
・よくできたね
・そうなんだね
・わかったよ
・大丈夫だよ

・いい子、いい子
・一緒にがんばろう

【自分の力を奪う悪魔言葉】

・おまえ（私）なんか死ね
・もうおまえは（私は）いらない、消えろ
・おまえは（私は）最低だ
・おまえは（私は）バカか⁉
・おまえは（私は）ダメな奴だな
・おまえは（私は）迷惑な奴だな
・おまえは（私は）なんてズルイ奴なんだ
・おまえは（私は）なんて情けない奴なんだ
・この、卑怯者！
・この、クズ！
・ブス

・デブ
・おまえは（私は）ばい菌だ
・おまえは（私は）何にもできないな
・おまえは（私は）人を不幸にする
・おまえには（私には）無理だ
・おまえには（私には）もうガッカリだ
・全部おまえが（私が）悪い
・全部おまえの（私の）せいだ

（ステップ4）心の陰陽を統合させる
～自分の好きなところも嫌いなところも受け入れる

自分をダメだと責め倒す超ネガティブにいくのでもなく、どうってことない・楽しくやろうと超ポジティブにいくのでもなく、その真ん中の『**中道**』**をいく、つまり【陰陽の統合】をしていけば人間は本来の幸せを得られます。**

人間の本来の幸せ【陰陽の統合】とは、心許せる人と本当の思いを言葉にし合うこと。本当の思いを言葉にし合い、受け取り合っていくことで、陰も出していいという許可を自分に出すことができ、心の【陰陽の統合】が実現されていきます。そこには揺るぎない信頼関係も生まれるという、サプライズもついてきます。

本当の思いは、自分の潜在意識や魂から出てくる意思です。嬉しい、最高、悲しい、嫌だ、等々、たくさんあります。これらの意思は、自分の好きなところ、嫌いなところに繋がっています。

なかでも日本人の多くが最も言葉にできないのは、「嫌だ」「嫌だった」です。「嫌」と口にすることは、文字通り「嫌われる」ことになるという思い込みを持っているからです。自分でも嫌な自分の嫌いなところを人に「嫌だ」と言って嫌われたら……そりゃあ、言えなくなって当然です。

この嫌われる思い込みは、そんな自分の「嫌」を親に受け入れてもらえなかった経験からつくられています。自分の存在自体を否定され、親との繋がりを一瞬絶たれた感覚になるのです。自分以外の人の意思は察しないといけないのに、自分の意思は受け取ってもらえない日本の子育て環境に問題があるとツインは感じます。

もちろんすべての家庭が日本の子育て環境に準じているわけではなく、それぞれの意思を尊重する子育てをしている家庭もあります。また魂自体が意思を表現できるくらいに成熟していると、家庭環境に問題があっても幼い頃から意思表現をしっかりすることができます。現代の日本ではほんの一部の人のみですが。

ステップ4では、自分の好きなところだけ受け入れるのではなく、自分の嫌いなところも受け入れ、【心の陰陽の統合】をしていきましょう。

自分の嫌いなところを受け入れる、嫌なものは「嫌だ」と人に言える自分になるには、勇気が必要です。その勇気を創るために、次の《心の陰陽統合瞑想》を行ってください。その後、まずは言えそうな人に「嫌だ、嫌だった」を言うことを繰り返し、統合へと進めましょう。

《心の陰陽統合瞑想》

1. 静かな場所に座って目を閉じ、ひとつ大きく深呼吸をしてから肩の力を抜きましょう

2. 両手のひらを上に向けて太ももの上に置き、右手に好きな自分を、左手に嫌いな自分を乗せてください

3. 右手の好きな自分を感じきり、左手の嫌いな自分を感じきった後、両手を合わせて合掌させます

4. 手を合わせてひとつになった新しい自分を胸にしまい、内側から勇気が湧いてくるのを感じましょう

ステップ5 決めたことを自分と周囲に宣言する

～これからどんなふうに生きていくのかを決めよう

『自分は、どんなふうに生きていくのか』

改めて考えても、具体的な未来像が出てきませんよね。出てこないのは、今まで漠然と幸せになりたいと願ってはいたものの、毎日の生活に流され、自分の未来を保留にしてきた結果です。

自分の人生なのに、どんなふうに生きていくのかの目標を定めないのはなぜなので

しょうか？　魂はずっと、あの世で決めてきた本当に幸せになれる人生を思い出してほしいと切望しているのに。

厳しいことを言いますが、頭ではいつかは死ぬとわかっていながら、心のどこかで自分はいつまでも生きると大きく勘違いしています。それは目先の快楽とラクをすることに慣れ、魂が望む本当の幸せを忘れてしまった状態です。

やがて必ずやってくる死を感じ始めた時、初めて自分の人生を考えるのですが、その時はもう大抵遅いのです。

そんな自分を変えたいと本書を読み、信頼できる人とステップ1から4に真剣に取り組んできたあなたは、本当の自分を取り戻してきている。私たちツインはそう感じます。

さあ、ここから魂が望む本当の幸せに近づくために、もう1歩踏み込んだステップ5へと進みましょう。

まずは頭を空っぽにし、胸に手を当て、潜在意識から出てくる未来のイメージを感じてください。その際、自分の余命は幾ばくもなく、残された人生の時間が少ないと仮定してください。残された人生の時間が少ないと仮定することで、自分が必要とする本当の幸せがイメージ化されます。

イメージ化されたら、そのイメージを文章にしましょう。できるだけ具体的にイメージの内容を書いてください。そして、こんなふうに自分と宇宙に向かって宣言しましょう！

「私は、○年後に○○をしています！　そのために一生懸命行動します！」

宣言は逃げや諦めの退路を断つと同時に、あなたの魂と繋がる宇宙にいらっしゃる大神様との約束でもあります。大神様との約束は絶対です。人間側の自己都合で違えたりすると、その分幸せが遠ざかってしまうので、本気で宣言してください。

その後、大神様と一緒にいる感覚で、本当の幸せが叶った前祝いのプチ宴をやりましょう。大神様には日本酒を、自分には大好きな食べ物・飲み物を。そうすることであなたの宣言は宇宙に届き、それ相応の出来事が起こり始めます。その出来事は誰かの助けが必要なものもありますので、周囲の親しい人たちにも宣言をしておいてくださいね。

あなたには自分が自分の人生を創造していける力があります。自分を信じ、しっかりと宣言しましょう！

ステップ6 自分に嘘をつかず、ありのままを表現する

～他人は気にしない！「私は私」と自信を持って会話・行動する

宣言を実際に行動に移していくと、途中で邪魔をする人が必ず現れます。これは邪魔をされてもやり通せるか、自分の宣言が本物であるかどうかのお試しであることを意味しています。3次元世界のセオリーですね。

邪魔をする人は、あなたが心揺れる、もしくは心折れる罠を仕掛けてきます。現代ではSNSの誹謗中傷もそれに当たります。

嫌いだと思ってきた自分の心の弱い部分に仕掛けてきますから、時に歩みを止めてしまうかもしれません。

自分に嘘をついて平気なふりをし、ストレスから病気になってしまうかもしれませ

ん。今まで他人の目を気にしてきた人などは耐えられず、宣言をすぐに撤回したくなるでしょう。

この時に有効なのが、ステップ4で実践した『**心の陰陽を統合させる ~自分の好きなところも嫌いなところも受け入れる**』です。そしてステップ5で宣言した、**周囲の親しい人たちのヘルプ**です。

これらに取り組んできた成果が、ステップ6に大いに活用されます。

ステップ6の一番大切なポイントは、「私は私」と自信を持ち、宣言を実現していくところです。自信とは、自分の魂を信じることです。

魂は、すべての出来事は自分が決めてきたと知っていますから、誰かのせいにする概念を持っていません。「我は我である」という自己信念に基づき、嘘偽りなくありのままに体を動かそうとします。

しかし、外側からの邪魔や攻撃の刺激に弱い人間の心が反応すると、「我は我である」自己信念が見えなくなってしまいます。

そんな3次元世界のセオリーがやってきたら、ステップ4と5を再度実践したうえで、**「私は私」と何度もつぶやきましょう。**自分の魂を何度も意識するのです。

それから、**ステップ5で文章にした宣言の内容を読み返してください。**具体的に書いてあるどの行動をすればよいのかを再度認識し、親しい人との会話の中にそれを盛り込んでください。あなたの人生を親しい人と共有することにより、その人のヘルプのエネルギーを得られ、実現していける力が蘇ってきます。

宣言の実現は、あなたに大きな自信をつけてくれるだけでなく、自分と親しい人への信頼も実感させてくれます。そこにはあなたがずっとずっと望んできた、本当の幸せがある。もう、自分を偽ることはしなくてもいいのです。

本当の自分として生きる幸せを感じながら、さらなる幸せの未来を宣言どおり実現すべく、ありのままに自分を表現していってください。

（ステップ7）1日10回、自分を褒める！　抱きしめる！本当に欲しかった言葉をかける！

〜自分は人にも神様にも愛され信じてもらえる存在だと心から実感する

ここまで頑張ってこられたあなたは、今、どんな変化を感じているでしょうか。以前の自分とは違う幸せを感じているようでしたら、ずいぶん本当の自分を取り戻していると思います。しかしながら心は、潜在意識のしくみで以前の自分に戻らせようと、無意識にけしかけてきます。

そんな心の逆戻りを止め、幸せになれる本当の自分を定着させていく行動がステップ7です。**1日10回、次の行動を自分にしてあげてください！**

◎自分を褒める！
◎抱きしめる！
◎本当に欲しかった言葉をかける！

単純ですが、この方法は幸せになれる本当の自分を定着させていくには、最適な方法です。

水は良くも悪くも、他の素粒子を取り込みやすい性質を持っています。そして体のほとんどが水分でできている人間は、体のすぐ内側にある心が外側の影響を受けやすい状態にあります。

水と同じく、心も外側の素粒子を取り込みやすく、その影響も相まって以前の自分に戻っていきます。ですから、**喜びや幸せを感じられる自分に定着させていくには、本当に欲しかった自分を本当の自分にあげ続けていけばよい**のです。

周囲にいる幼い子どもをよく観察してみてください。年齢が低ければ低いほど、身近な大人、特に親の影響を色濃く受けます。

大人が体重の約60パーセントが水分であるのに対し、子どもは約70パーセントが水分です。その分、良くも悪くも無意識に外側の素粒子を取り込みやすい。なので、褒めて、抱きしめて、その子が本当に欲しい言葉をたくさんあげると、本当の自分として幸せに生きられる大人に成長します。

子どもよりは若干外側の素粒子を取り込みにくい大人ですが、それでも取り込みやすいことに変わりはありません。

だからこそ、幸せになれる本当の自分を定着させていくために、褒めて、抱きしめて、本当に欲しい言葉を自分にあげ続けてほしいのです。それは昔、あなたが親にして欲しかったことかもしれないですね。

◎自分を褒める！

◎抱きしめる！

◎本当に欲しかった言葉をかける！

１日に10回、毎日あげ続ける本当の自分は、あなたがずっと欲しかった自分です。あなたの中の魂がずっと望んでいた、愛と自己信頼と、本当の自分として生きる幸せです。その充実感は、いつしか自分は人にも神様にも愛され信じてもらえる存在だと、心から実感するものになるでしょう。

もう二度と以前の自分に戻らない、本当の自分を取り戻した自分になった時に。

本当の自分を取り戻せる「あの世コラム」……⑦

もう、あなたはあなたの人生を生きていい！ それが大神様の望み

大神様から分魂となり分かれたあなたの魂は、本当の自分として魂のお役目を果たし、再び戻ると約束してきました。が、初めての地でうまくいかないことがたくさんあり、何度も生まれ変わる転生を繰り返すことになります。

それぞれの地で生まれた瞬間、あなたには守護霊と指導霊がつきます。あなたを護る守護霊はご先祖様のひとりが立候補し、魂レベル底上げのための出来事提供と監視をする指導霊は、あの世から派遣されてきます。

特に指導霊は大神様の望みを強く受けているため、魂がお役目を果たせるよう、ドSな出来事を起こしてくれます。

守護霊は、その地で生を終えるまで一生変わりませんが、指導霊は魂レベルが上がる度に変わっていきます。あの世の派遣会社から、上がった魂レベルに合わ

せて上級の指導霊が派遣されてくると思ってください。

反対に魂レベルが下がれば下級の指導霊が派遣され、人生やり直しの出来事が起こされることになります。あなたの魂が自ら計画してきた計画書にすべて基づいて。

「もういい加減、本当の自分を取り戻して幸せになりたい！」

あなたが本気でそう思い、本書を手に取ったのは、すでに指導霊により出来事が起こされた結果とも言えます。**指導霊はあなたの人生の計画書を見ながら、魂のお役目を果たすための気づきを出来事として起こしてくれたのです。**

人生上では岐路にあたるでしょう。もう、本当の自分を取り戻し、あなたがあなたの人生を生きていい岐路です。あとは覚悟を決めて選択するだけ。

本当の自分を取り戻し、魂が望むお役目を果たす人生を実現させるには、最低でも3年はかかります。それをわかったうえで魂が望む人生を実現させると決めれば、大神様と約束した人生が目に見える現実となって開いていくでしょう。

あなたは本当の自分ではない人生を、十分歩んできました。もう、本当の自分を取り戻し、魂のお役目を果たす幸せな人生へと進んでいく時です。そんなあなたの人生を、大神様は望んできました。あなたが大神様から分かれた時から、ずっと、ずっとです。

頭の不安と安心の理由を知り、不幸を止めましょう。
潜在意識の思い込みを抱きしめ、本当の自分を想い出しましょう。
自分以外の人生を捨て、忘れていた喜びに気づきましょう。
エゴをコントロールし、神様と繋がりましょう。
過去への囚われとカルマを超え、誰もが認める自分の能力をよみがえらせましょう。
何もなくなる恐れが幻想だと気づき、どんな未来でも創造できるようになりましょう。
そして、信頼できる人と新たな7つのステップを実践しましょう。
本当の自分を取り戻す日は、必ずやってきます！

おわりに

「本で世の中を変えられますか？」

ある晴れた日の午後、東京での打ち合わせで私たちツインは思いきって聞きました。お聞きしたのは、何十年も編集に携わっていらっしゃった、その日初めて顔を合わせた方です。

「変えられますよ」

ニッコリ微笑まれての即答。この瞬間に、本書の執筆が始まりました。

この出逢いは、眞證の実父が亡くなってからのご縁続きでした。また執筆中に慈敬の実母が亡くなったことで、本書の内容に本当の自分を取り戻せる深いエネルギーをもたらすことができました。

すべては『新たな始まり』の意味であったと、出版が現実となった今、しみじみ感じています。それは決して上から目線ではなく、魂のお役目を果たしていく者たちとしてです。

私たちツインの魂のお役目であるこの仕事は、人によっては誤解を生む場合もあります。本当の自分を取り戻し、魂のお役目へと向かう過程では、見たくない自分を見ないといけない、辛い期間を乗り越えないといけないのですが、その厳しさに耐えられない人は、私たちがその原因だと他責に走ってしまうからです。

本書でお伝えしてきた、起きる出来事も辛さもすべて自分の魂が決めてきたと、よく覚えておいてほしいのです。でないと、魂のお役目に向かうために必須である、本当の自分を取り戻すことさえできなくなってしまいます。

魂の親である大神様は、魂を甘やかし堕落させる存在ではありません。魂の成長を望む、厳しくも愛に満ち溢れた存在です。その大神様と繋がっていることを誇りに思い、本当の自分を取り戻していっていただけると幸いです。

そんな大神様の御意思を受けた主な神様からのメッセージを、ここにあげておきます。どんな意味があるかは、あなたの魂で感じてください。

周囲を重んじ
信頼なる価値を創造し
己の想いに素直に生きれば
使命の道へと魂は導き
幸せを運ぶ指針となろう

天意と繋がれ

天意を示す
真の意を知る器（人）を見定めよ
真の意を知る器（人）は
成すべきことを知り得る者

その者の仰(おお)せ言(ごと)
先は見えぬも今を変え
共に歩みを踏み出す爾(なんじ)に
光が差そう

変わらぬものは世の渦を見よ

今日という日を噛みしめ
己を俯瞰し行いを正せ

目先を追うな
真意は後にぞ表に現る

時の終わりの先を目指せよ
真の調和がすべてを映す

最後に、本書の企画、編集、出版に携わってくださった方々、実例掲載を承諾してくださった方々、応援してくださった方々に心より感謝致します。

本書を手に取ってくださったひとりでも多くの方が、本当の自分を取り戻し、幸せな人生を送ってくださいますように！

私たちツインは、魂から信じています。

眞證・慈敬

本当の自分を取り戻すペースが速くなる
【特別瞑想動画 無料プレゼント】のご案内

本書を最後までお読みくださり、ありがとうございます。

本当の自分を取り戻すペースを加速させる秘訣。
それは潜在意識に「変わってもいい」という安心をもたらし、心の陰陽を統合していくことにあります。
今回、本書をお読みくださったあなただけに、安心をもたらす特別瞑想動画をプレゼント致します。
本書のステップ4の『心の陰陽統合瞑想』と併せてご活用ください。

本当の自分を1日も早く取り戻せますように。

下記 QR コード、または URL 先にある LINE 公式アカウントに登録後、キーワードを送信してください。

［キーワード］**瞑想動画プレゼント**
https://kokorotwin-nagomi.com/publication/

［著者紹介］

眞證（しんしょう）

1978年、愛知県生まれ。生まれながらにして、生きている人の思念や亡くなった人の想念、過去・未来を見る能力を持つ。それらに加え、高級神霊や宇宙メッセージを受けることを通じて、人類が進むべき『魂が望む本来の人生への進み方』を幼少期から独自に研究し開発してきた。ツインソウルの魂の片割れ・慈敬と共に、愛と絆のスピリチュアルケアサロン「NAGOMI」を運営。京都東本願寺で法名「眞證」を授かる。延べ２万人以上から絶大な信頼が寄せられている。

慈敬（じきょう）

1970年、三重県生まれ。太陽神・天照様を拝し、人類の「心なおしの道」を創る黒住教の家に産声をあげ、神降ろしの儀式で俗名「友美（ともみ）」を与えられる。現在は法名「慈敬」。ほんの数分クライアントの言葉を聴いただけで、傷ついた潜在意識を読み解き癒す慈愛の力を持ち、どの人にも備わる「世を力強く生き抜く魂本来の力」を引き出せる。

◎ホームページ
愛と絆のスピリチュアルケアサロン　NAGOMI
https://kokorotwin-nagomi.com/

◎オンラインサロン
眞證 慈敬オンラインサロン　MAITREYA
https://twin-maitreya.com/

◎YouTube
ツイン弥勒ちゃんねる

◎LINE@
@nagomitwin

本当の自分を取り戻し、本当の幸せを手に入れる

魂を成長させ、魂のお役目を果たすために

二〇二一年四月十五日　初版第一刷

著者　眞證・慈敬

発行者　河野和憲
発行所　株式会社　彩流社
〒101-0051
東京都千代田区神田神保町3-10大行ビル6階
TEL:03-3234-5931
FAX:03-3234-5932
E-mail:sairyusha@sairyusha.co.jp
印刷　明和印刷（株）
製本　（株）村上製本所
装丁・組版　中山デザイン事務所

ISBN978-4-7791-2740-3 C0030
http://www.sairyusha.co.jp